お客様に好かれる
正しい日本語・敬語の使い方

敬語講師 井上明美

近代セールス社

はじめに

本書は、銀行等金融機関の窓口や訪問先でのお客様応対を主に解説しています。ただし、言葉づかい・敬語という意味では、ほとんどどの職業の方にも通じる点が多いのではないかと感じます。フレンドリーな雰囲気が一番で、心があれば言葉は二の次という場合もあるでしょう。しかし、その〝心〟を表すのは、言葉や表情、しぐさといったものですから、言葉は重要な役割を担っています。

お客様と何度か接するうちに親しくなり、冗談を言ったりくだけた会話になったりすることもそれはそれで自然でいいものです。くだけた会話でも決して不快感を与えない、礼を欠かないというのは、大切な場面ではきちんとした敬語を使いこなすことができるという、使い分けができているからです。どの職業でも同じであり、またスポーツなどの技能でも同じことが言えるでしょうが、土台となる基本が揺るがないからこそ、どちらの会話に転んでも決してぶれることはない強さがあります。

本書では、お客様とのコミュニケーションでもあるちょっとした会話から、ビジネスではよくある問いかけや依頼、お願い、そして一番言いにくいおわびの言葉などを一目でわかりやすいように○×式で表しました。×はなぜその言い方が誤りであり失礼にあたるのか、○もその他の言い換えなどを入れ、理由と言い換え例をできるだけ丁寧に解説することを心がけました。その点では単に○×の正誤だけではなく、言葉の意味や敬語のしくみも自然に見直すことができるのではないかと思います。

窓口や訪問先での会話例も実例豊富に挙げています。また、お客様との実際の敬語に困った時にもすぐに見直せるように、よく使う言葉の敬語表やおわびの言葉集、手紙やメールの敬語なども多数盛り込み、本当に使える生きた敬語のバイブル本を目指しました。ぜひ一冊机の隅に置いていただき、お客様との会話や手紙の場面にちょっと困ったときにご活用いただくことができたなら、なによりうれしいことと存じます。

井上　明美

目次

目　次

第3章　応対シーンで学ぶ言葉づかいの○×△

目次

目　次

目次

第4章　これで解決！　言葉づかいの悩みや疑問

序章

腕だめし！　この敬語表現は○？×？

敬語見直し・腕だめし問題

いつもの敬語を見直してみましょう。お客様と話す場面で実際によく耳にする言葉の一部を集めてみました。普段自分が使っている言葉づかいを見直す機会というのは案外ないものです。自分は使わないけれど使う例を聞いたことがある、よく使うけれど正しいかどうか本当は迷うこともあるなど、実際に使っていても曖昧な言葉も多いのではないでしょうか。適切な言葉を使いこなすには、誤りを正すことは勿論ですが、まずその曖昧さや迷いを防ぐことが、自信のある言葉につながります。また、正しくてもその理由やほかの言い換えも知ることで、語彙も豊かになります。そんな普段何気なく使用している敬語を、まずは見直してみましょう。

次の言葉は○×どちらでしょうか。お客様との会話で敬語として正しいものは「○」、間違っているものは「×」をお付けください。言葉の言い方はいろいろありますから、「○」の正しいものであっても、ほかの言い方ができるものもありますが、敬語として適切かどうかという視点でお考えください。

〔第1問〕「田中様、いつも素敵なお召し物ですね」

〔第2問〕「（株価について）今後はどのようになるとお思いになりますか？」
〔第3問〕「田中様ですね、恐れ入りますが、下のお名前もお願いいたします」
〔第4問〕「いつも当店をご利用いただきまして、ありがとうございます」
〔第5問〕「田中様、こちらのパンフレットはお持ちしますか？」
〔第6問〕「田中様、私、昨日お電話いたしました鈴木と申します」
〔第7問〕「恐れ入りますが、こちらにお名前様をお書きいただけますか」
〔第8問〕「ご一緒の田中様は先ほどお帰りになられました」
〔第9問〕「ありがとうございます、夫の母からいただいたものなのです」
〔第10問〕「こちらが新しく開発させていただいた商品でございます」

答えと解説

〔第1問〕「田中様、いつも素敵なお召し物ですね」
「○」です。「お召し物」とは、相手を敬って、相手の衣服（または飲食物も）を言う言葉。衣服の尊敬語です。「お洋服」でも間違いではありませんが、お客様の上着を預かる

際など、洋装でも和装でもどちらにも使えて便利な尊敬語です。（⬇77ページ参照）
〔第2問〕「（株価について）今後はどのようになるとお思いになりますか？」
「○」です。「思う」の尊敬語としては、ほかに「思われますか」があります。こちらも正しいのですが、「お思いになりますか」の形のほうが、より言葉としても落ち着き、敬意が高い表現です。（⬇108ページ参照）
〔第3問〕「田中様ですね、恐れ入りますが、下のお名前もお願いいたします」
「×」または「△」です。名前を確認するような場面でよく耳にします。しかし、意味はわかりますが、名前は上と下があるわけではありません。こう聞かれると何だかおかしな気がするという人も多いものです。（⬇97ページ参照）
〔第4問〕「いつも当店をご利用いただきまして、ありがとうございます」
こちらは「△」または「×」です。言葉として誤りというわけではありませんが、敬語に直すという意味では敬語ではありませんので、その意味では「△」か「×」です。当店や当社など、「当」には自分側を低める謙譲語の意味はありません。謙譲語にするなら「弊店」が正解です。「いつも弊店をご利用いただきまして、ありがとうございます」などが正しい表現となります。（⬇102ページ参照）

〔第5問〕「田中様、こちらのパンフレットはお持ちしますか？」
「×」です。お客様にパンフレットを持ち帰るかどうか尋ねる場面です。「お持ちしますか」の「お持ちする」は謙譲語の形ですから、これでは自分が持っていくかどうかをお客様に尋ねたことになってしまいます。お客様が持っていくかどうかを尋ねるならば、「（こちらのパンフレットを）お持ちになりますか」などが正しい表現です。（➡110ページ参照）

〔第6問〕「田中様、私、昨日お電話いたしました鈴木と申します」
「×」または「△」です。「～と申します」は、電話を受けた人と初めて話す場合や、誰が出るかわからないのでという意味でならば使うことができます。しかし、昨日会った相手と話す場面ではおかしな表現になるため「×」です。「～と申します」と名乗るのは、本来は初対面や相手が自分のことを知らない場合に使う表現です。「私、昨日お電話いたしました鈴木でございます」などが正しい表現です。（➡111ページ参照）

〔第7問〕「恐れ入りますが、こちらにお名前様をお書きいただけますか」
「×」です。「お名前」は、「名前」に「お」が付き、すでに「お名前」で尊敬語になっています。ですから、「様」は必要ありません。「恐れ入りますが、こちらにお名前をお書きいただけますか」などが正しい表現です。（➡112ページ参照）

〔第8問〕「ご一緒の田中様は先ほどお帰りになられました」
「×」です。「お帰りになられる」が二重敬語と呼ばれる誤用です。「帰る」の尊敬語は「お帰りになる」か「帰られる」のどちらかひとつです。「ご一緒の田中様は先ほどお帰りになりました」などが正しい表現です。（➡114ページ参照）
〔第9問〕「ありがとうございます、夫の母からいただいたものなのです」
「×」です。お客様から「素敵な万年筆ですね」と褒められたような場面です。自分の母でも夫の母でも、自分の身内であることには変わりありませんから、「母からいただいた」は誤用です。「いただく」は「もらう」の謙譲語ですから、身内に敬語を用いてしまう誤りです。「母からもらったものなのです」などが正しい表現です。（➡124ページ参照）
〔第10問〕「こちらが新しく開発させていただいた商品でございます」
「×」です。開発を依頼した関係者がいるような場面ならば使える表現ですが、お客様とは何ら関係がない場面での「させていただく」であるため好ましくありません。「こちらが新しく開発いたしました商品でございます」などが正しい表現です。（➡127ページ参照）
（言葉としては明確に「×」と言い切れないものでも、お客様や目上の人との会話―敬語―として考えた場合に不適切にあたるものは「△」としています。）

第1章

最低限知っておきたい敬語のキホン

敬語のキホン① 敬語の種類

敬語は従来、尊敬語・謙譲語・丁寧語の3種類に分類されていましたが、2007（平成19）年に公表された文部科学省・文化審議会答申『敬語の指針』では、現代の敬語の用法や働きを的確に理解するためとして、尊敬語・謙譲語Ⅰ・謙譲語Ⅱ（丁重語）・丁寧語・美化語の5種類に分けて解説されました（図表1）。

図表1　敬語の種類

5種類		3種類
尊敬語	「いらっしゃる・おっしゃる」型	尊敬語
謙譲語Ⅰ	「伺《うかが》う・申し上げる」型	謙譲語
謙譲語Ⅱ（丁重語）	「参《まい》る・申《もう》す」型	
丁寧語	「です・ます」型	丁寧語
美化語	「お酒・お料理」型	

（出所）文化審議会「敬語の指針」（平成19年2月2日答申）に基づき作成

敬語は、通常は尊敬語・謙譲語・丁寧語の3種類に分類されます。そして、言葉や場面などそのときどきによって、必要ならばさらに謙譲語Ⅱ（丁重語）・美化語の2つが加わり5種類に分類されます。つまり、3種類の中の謙譲語が謙譲語ⅠとⅡに分けられ、丁寧語が丁寧語と美化語に分けられるというものです。多くの方はこの3種類として習った覚えがおありになるでしょう。

■尊敬語（例）お客様がいらっしゃる・おっしゃる・（お客様からの）ご説明・貴社など。
相手側の行為・ものごとなどに関して、相手側を高めて述べるもの。主語を高める。

■謙譲語Ⅰ（例）お客様のお宅へ伺う・お客様に申し上げる・お客様への（ご説明）など。
自分側の行為・ものごとなどに関して、向かう先の相手側を高めて述べるもの。主語を低める。

■丁寧語（例）こちらが資料です・明日行きますなど。
聞き手に対して、丁寧に述べるもの。

■謙譲語Ⅱ（丁重語）（例）来月大阪に参ります・○○と申します・弊社など。
自分側の行為・ものごとなどに関して、聞き手に丁重に述べるもの。また自分側に関するものごとをへりくだって控えめに述べるもの。主語を低める。ときに、主語を低めるという性質を失って、聞き手に丁重に述べる意のみで使われるものもある。

■美化語（例）お料理・お酒・ご飯など。

ものごとを美化して述べるもの。

敬語のキホン② よく使われる尊敬語・謙譲語

尊敬語や謙譲語にはいくつかの決まった型があります。一度覚えてしまえば、その型に当てはめることができるので便利な点もあります。それぞれよく使われる型と使用例を見てみましょう（図表2、図表3）。

図表2　尊敬語の型と使用例

専用の尊敬語型	いらっしゃる・おっしゃる
～れる・～られる型	話される・説明される
お（ご）～になる型	お話しになる・ご説明になる
お（ご）～なさる型	お話しなさる・ご説明なさる

お（ご）～くださる型	お話しくださる・ご説明くださる

図表3　謙譲語の型と使用例

専用の謙譲語型	伺《うかが》う・申す・申し上げる
お（ご）～する型	お話しする・ご説明する
お（ご）～いたす型	お話しいたします・ご説明いたします
お（ご）～いただく型	お話しいただく・ご説明いただく
お（ご）～申し上げる型	お話し申し上げる・ご説明申し上げる

敬語のキホン③　動詞の尊敬語・謙譲語

動作を表す尊敬語・謙譲語をいくつか挙げてみましょう（図表4）。ほかにも、「帰る」は「帰らせていただく」と言ったり、「聞く」は「お尋ねになる」「お尋ねする」と言ったりさまざまですが、よく使うと思われる例を挙げました。

図表4　動作を表す尊敬語・謙譲語一覧表

基本	尊敬語	謙譲語
会う	お会いになる・会われる	お目にかかる・お会いする
言う	おっしゃる・言われる	申し上げる・申す
行く・来る	いらっしゃる・おいでになる・お見えになる・お越しになる・お出かけになる・行かれる・来られる	お伺《うかが》いする※・伺《うかが》う・参《まい》る
いる	いらっしゃる・おいでになる	おる
思う	お思いになる・思われる	存じる
帰る	お帰りになる・帰られる	失礼する・おいとまする
借りる	お借りになる・借りられる	拝借する・お借りする
聞く	お聞きになる・聞かれる	拝聴する・承《うけたまわ》る・お伺《うかが》いする・伺《うかが》う・お聞きする
知る（知っている）	ご存じ	存じ上げる・存じる
する	なさる・される	いたす

尋ねる	お尋ねになる・尋ねられる	お伺《うかが》いする※・伺《うかが》う・お尋ねする
食べる・飲む	召し上がる・お召し上がりになる※・お飲みになる	いただく・頂戴《ちょうだい》する
見る	ご覧になる・見られる	拝見する
読む	お読みになる・読まれる	拝読する

※「お伺いする」「お召し上がりになる」は、それぞれ「伺う」「召し上がる」自体が敬語なので「二重敬語」だが、慣習として定着しており、間違いではないとされている。

敬語のキホン④ 名詞の尊敬語・謙譲語

尊敬語の意味をもつ接頭語は、「御高著」「御賢察」「御芳名」などのように、通常「御」をともなって使われます。また、「尊」「令」などは、「御尊父様」「御令息様」のように、「御」「様」をともなって使われるのが一般的です。

■名詞の尊敬語の意味をもつ接頭語

「御」…御地（おんち） など
「貴」…貴社 など
「高」…高著 など
「賢」…賢察 など
「芳」…芳名 など
「尊」…尊父 など
「令」…令息 など
「玉」…玉稿 など

■名詞の謙譲語の意味をもつ接頭語

「弊」…弊社 など
「小」…小社 など
「拙」…拙著 など
「愚」…愚見 など
「拝」…拝見 など

敬語のキホン⑤ クッション言葉

相手に話す場合に、いきなり自分の用件を切り出すよりも、相手の意向を尋ねるような言葉を添えることで言葉の響きがやわらかくなります。特に依頼やお願い、おわびなどの場面では大切なものです。このような言葉は別名「クッション言葉」とも呼ばれていま す。そのような心くばりを添える前置きのクッション言葉を見直してみましょう。

■相手に面倒をかけてしまうような場合
「ご面倒をおかけしますが」「お手数をおかけしますが」
「お手を煩わせまして申し訳ございませんが」
「お忙しいところ申し訳ございませんが」
「お時間を割いていただき申し訳ありませんが」

■相手の意向、都合を尋ねる場合
「よろしければ」「もしよろしければ」「お差し支えなければ」
「ご都合がよろしければ」「もしお時間がありましたら」
「もしご興味がおありでしたら」「ご無理のない範囲で」

「もしお好きでしたら」

■自分の都合を述べるような場合

「こちらの都合（ばかり）で申し訳ございませんが」

「私どもの都合（ばかり）を申しましてまことに申し訳なく存じますが」

「こちらの勝手で恐縮ですが」

「勝手を言いましてまことに申し訳ございませんが」

「甚だ手前勝手なお願いで恐縮に存じますが」

「ご無理を申し上げまして恐縮ですが」

「お言葉に甘え申し訳ございませんが」

■何か相談ごとなどがある場合

「お願い（ご相談）したいのですが」

「実はひとつお願い（ご相談）したいことがございまして」

「お願い（ご相談）申し上げたいのですがよろしいでしょうか」

■あまり親しくない相手にお願いするような場合

「ぶしつけながら」「ぶしつけなお尋ねで恐縮に存じますが」

「まことに厚かましいお願いでございますが」
「まことに失礼とは存じますが」

■急な話を述べるような場合
「突然のお願いで恐れ入りますが」
「急にご無理を申しまして申し訳ございませんが」
「差し迫ってのことでまことに申し訳ございませんが」
「もっと早くにご相談申し上げるべきところを申し訳ございませんが」
「今ごろになってこのようなお話を申し上げまして」

■何度もお願いする場合
「たびたび申し訳ございませんが」
「何度もお手を煩わせまして申し訳ございませんが」
「ご面倒をおかけしてばかりで、まことに申し訳ございませんが」
「重ね重ねまことに恐縮に存じますが」

■特別な相談ごと、難しいお願いごとなどをする場合
「折り入ってお願いしたいことがございまして」

「実は折り入ってご相談申し上げたいことがございまして」
「たいへん申し上げにくいのですが」
「ご無理を承知でお願いしたいのですが」
■今までの話とは関係のないようなことを切り出す、尋ねる場合
「つかぬことをうかがいますが」
「突然このようなことをお尋ねしまして恐縮ですが」
■自分の本心ではないのだけれどというような場合
「心ならずもご無沙汰をいたしまして」
「私の気持ちとしては……したいところではございますが」
「本意ではございませんが」「まことに不本意ながら」
■強く願う気持ちを表す言葉
クッション言葉と同じように、依頼やおわびなど、相手にお願いをするような場面でよく使われる言葉に「どうぞ」「なにとぞ」などがあります。

その言葉を強めたり丁寧にしたり、また、ぜひともどうにかなんとかしてほしいというように、相手に対して強く願うような気持ちを表します。

「今後ともどうぞよろしくお願いいたします」

「なにとぞご尽力賜りますよう、よろしくお願い申し上げます」

「どうかご容赦くださいますよう伏してお願い申し上げます」

「ぜひご出席いただきたくお願い申し上げます」

このように、「…よろしくお願いいたします」などの言葉と組み合わせて使われることが多い言葉です。

敬語のキホン⑥ 改まり語

「さっき」を「さきほど」、「あとで」を「のちほど」というような言葉は、どちらも意味としては同じですが、言葉の響きや印象が違います。このような改まった言い方をする言葉は「改まり語」とも呼ばれます（図表5）。「いらっしゃる」や「召し上がる」などの敬語とは違いますが、敬語を使ううえでは欠かせないものです。

図表5　改まり語一覧表

ややくだけた表現	改まり語	ややくだけた表現	改まり語
きょう、この日	ほんじつ・こんにち	前から	かねて（から、より）
あす	みょうにち	そっち	そちら
さっき	さきほど	どっち	どちら
この間	先日・先般《せんぱん》・過日《かじつ》・先ごろ・先刻《せんこく》	どっちにしても	いずれにしても・いずれにせよ
今	ただいま・今し方・目下《もっか》	どう	いかが
あとで	のちほど・後刻《ごこく》	どれぐらい・どれほど・いくら	いかばかり・いかほど
すぐ・今すぐ・急ぎ	ただちに・至急・早急	ちょっと・少し	少々・わずか・些少《さしょう》・いささか
この次	次回・改めて・いずれ	すごく（程度を表す場合）	たいへん・非常に・とても・まことに
もう一度・もう一回	再度・今一度・（また）改めて	普通の程度でない	ひとかたならぬ

それだから・そういうわけで	ついては・つきましては	もっぱら・まったく・ただただ	ひとえに

敬語のキホン⑦　目上の人への褒め言葉

お客様の行いや印象などを褒めたいということもあるものですが、小さい子どもや若い人に対してならば問題なくても、目上の人を褒めるというのはむずかしいものです。

「褒める」とは、相手の行いを優れたものと評価する、相手をたたえるという意味をもちます。評価するのですから、本来は目上の人に対しては失礼になるおそれもあります。しかし、相手の行いやその他に感動して褒め言葉を述べたいこともあります。そのような場面で偉そうに聞こえない褒め言葉とはどんなものがあるか考えてみましょう。

■高齢のお客様の元気な様子に対して

「颯爽《さっそう》としていらっしゃる」

颯爽とは、その人の姿や行動がきりっとしている、さわやかな印象を与えるという意味をもちます。歳よりも若く見える、いつも背筋がピンとしている様子を表したいときなどにもいいでしょう。

「よく通るお声でいらっしゃる　詩吟とか何かなさっていらしたのですか?」

「きれいなお声ですね」でもいいでしょうが、声や話し方にも若々しさはにじみ出ますし、その方の生き方や姿勢も現れることもあるものです。

「いつもさわやかでいらっしゃる」

「にこやかでいらっしゃる」

「笑顔がいいですね」では何だか偉そうな感がありますが、「~でいらっしゃる」とすることで敬語になります。また、さわやか、にこやかでいらっしゃるとすれば、自分だけが見てそう感じるのではなく、皆もそう感じる、にこやかな笑顔で、周りの空気まで和やかにしてくれるという褒め言葉につながります。

■相手の物知りなことに対して

「造詣が深くていらっしゃる/何でもお詳しい」

造詣とは、ある分野について深い知識があるというような意味です。

「お目が高い」

お目が高いの「お目(御目)」とは、相手を敬う、相手の目・眼力の尊敬語の意味をもちます。眼力、良いものを見分ける力のことを言います。「私なんかは全くわかりませんが、田中様はお目が高くていらっしゃるので…」などのように、相手の鑑識を褒める言葉になります。

「目の付け所が違う」

こちらも、「お目が高い」「目利き」と似ていますが、着眼点、注目点のことを言います。「やはり田中様は、目の付け所が違っていらっしゃいますね」などのように用います。

敬語のキホン⑧ 「お」の付く言葉、付かない言葉

「お酒」や「ご飯」などは、「どうぞご飯もお酒も召し上がってください」は尊敬語の意味も含まれてきますが、その言葉のみですと、敬語の種類の中では「美化語」に分けられます。

美化語は「お」が付く語のほうが多く、使用も個人差があるので正誤をはっきり分けられるような類でないものもあります。しかし、付けて自然な語、常識的に考えて付けて用いられるのが普通だと思われるものなど、ある程度の決まり事や慣習も大切です。

■付かないと言葉として成り立たないもの、また言葉の意味が変わってしまうもの
おはぎ、おこわ、おはじき、おてだま、おしぼり、おにぎり、おしゃれなど。
■神仏に関係するような神聖なもの、あがめるべきもの
お宮、お寺、お墓、お葬式、お通夜、お札（ふだ）、お守り、お屠蘇《とそ》、お賽銭など。
■男女ともに付けて用いると思われるもの
お茶、お椀、おかゆ、お菓子、お祝いなど。
■通常は付けないと思われるもの、付けると過剰と感じるもの
お人参、おきゅうり、おジュース、おワイン、おパン、お麺、おラーメン、お辛子、おケチャップ、おマスタード、おパソコン、お電気、お自転車、お道、お駅など。

この、通常は付けないと思われるものにまで「お○○」と付けてしまうと、おかしな言葉に響いたり、不自然で過剰な敬語に聞こえたりということが起こります。特に女性は丁寧に（上品に）述べたいと思う傾向が強いためか、過剰な使用例もよく耳にします。

「おビールをお持ちいたしました」のように、「おビール」は飲食店や接客言葉としては例外に定着した感があります。乾杯などにも使われ「お酒とおビール」のように、お客様の注文品だからという意味合いからかもしれませんが、「おビール」は例外でも、通常カ

タカナの語には「お」や「ご」は付きません。

また、ことわざや慣用句には通常「お」や「ご」は付きません。たとえば、「道草を食う」「腹を決める」などの動詞の言葉も、「道草をお食べになる・召し上がる」「おなかをお決めになる・決められる」とは言いませんね。

ただし、ごくまれに次のような例外もあります。

「目が高い」→「お目が高い・お目が高くていらっしゃる」

「顔が広い」→「お顔が広い・お顔が広くていらっしゃる」など
このような一部の例は「お」を付けたり尊敬表現にすることも可能であると言えます。これは目や顔が相手の体の一部なので、日常語と同じように相手に敬意を込めて接頭語の「お」を付ける例でしょう。

敬語のキホン⑨ 和語と漢語

お客様との会話や取引先宛へのメールで、いつも同じ言葉の繰り返しになってしまうというのもよく耳にします。「漢語」の言葉は文章の場合、ある程度文字から判断できるという利点もあります。しかし、お客様への説明の際などは、漢語表現ばかりを使いますと、かえって分かりにくかったり、堅苦しい感じを与えたり、場合によっては偉そうな印象を受けるということもあります。漢語が決して悪いわけではありませんが、ときには漢語を和語に言い換えたり、両方をうまく使い分けたりすることは、お客様への気づかいとともに、語彙を増やすことにもつながります。

ときに例外もありますが、通常は和語には頭に「お」が付き、漢語には「ご」が付くのが決まりです。

（例）和語…お祝い⇅漢語…ご祝儀、和語…お知らせ⇅漢語…ご通知

よく使う和語と漢語の言い換え例を挙げてみましょう（図表6）。

図表6　和語・漢語の言い換え例

和語	漢語	和語	漢語	和語	漢語
諦める	断念	選ぶ	選択	乗る	乗車
集まる	集合・参集	送る（書類や荷物などを送る）	送付・発送	延ばす	延期

謝る	謝罪	遅れる	遅延・遅刻	入る	入室・入場
誤る	誤用	助ける	援助	会う	面会
歩く	徒歩	買う	購入	居ない	不在、留守
いただく	頂戴《ちょうだい》	返す	返却	止める	中止、中断
移る	移動、移転	変える	変更	頼む	依頼
生まれる	誕生・出生	係り	担当	任せる	一任
関わり	関係	配る	配布	治る	快復、回復
帰る	帰宅	比べる	比較	休む（休み時間）	休憩
確かめる	確認	加える	追加	休み（会社を休む）	欠勤
気を配る	配慮	載せる	掲載	辞める	辞退・辞任
気を付ける	注意	消す	削除	分ける	分割・分配
災い	災難	退く	引退	書く	署名、記入
支える	支援	招く	招待	出る（勤め・会社）	出勤、出社
誘う・勧める	勧誘	すぐさま・速やかに	早速・早急・至急	生まれ、国	出身、郷里
察する	推察	座る	着席	就《つ》く	就任《しゅうにん》、着任

知らせ	通知・案内	立つ	起立	赴《おもむ》く	赴任《ふにん》、着任
発つ	出発	着く	到着	促《うなが》す	催促、督促
試す	試行	尽くす	尽力	連れ	同伴
使う	使用・利用	伝える	伝言、言付《ことづ》け	出かける	外出
疲れる	疲労	続ける	続行	直す	訂正
努める	努力	整える	整理	治す	治療
勤め	勤務	泊まる	宿泊	止まる	停止
作る（文書を作る）	作成	望み	希望・要望	始める	開始

コラム❶「お通帳」「お口座」「ご印鑑」

「お」の使いすぎについて少し述べましたが、「お通帳」「お口座」「ご印鑑」なども決して間違いという類のものではありません。ただし、「お」「ご」を付けるかどうかは、金融機関ごとにそれぞれ違いがあるのではないでしょうか。

「お」と「ご」については、和語には「お」が付き、漢語には「ご」が付くのが通常決まり事ですが、ときに例外もあります（和語と漢語については41〜44ページ参照）。ですから、その原則から言えば「お通帳」「お口座」「ご印鑑」は漢語ですから、「ご印鑑」のようにすべて「ご」が付いてもよさそうなものですが、こちらもその例外の一部です。例外と言っても、漢語なのに「お」が付く例は、お会計・お時間・お食事・お掃除など、案外枚挙にいとまがないほどです。ですから、先述の例も付けても問題ないものでしょうが、「お持ちのお口座のお通帳とご印鑑をお持ちですか」などとなりますと、ややくどい感も残りますね。

敬語のキホン⑩ ビジネス文書で用いる敬称

宛先の敬称は、相手が個人か組織か、ひとりか複数かによって使い分けます（図表7）。

図表7　敬称と使用例

敬称	使う対象・宛名	使用例
御中	企業・団体・官公庁などの組織	○○株式会社　御中
殿	職名・役職	人事部長殿
様	職名・役職のない個人	山田太郎様
	職名＋個人名	人事部長　田中一郎様
各位	複数宛にそれぞれ同一文書を出すとき	お客様各位、会員各位
ご一同様	複数に一通の文書を出すとき	人事部ご一同様

宛名で使う敬称以外にも、文の中で相手側を呼ぶ尊敬語や自分側を呼ぶ謙譲語もたくさんあります（図表８）。

図表８　文中の敬称例

	尊敬語（相手側）	謙譲語（自分側）
人	○○様、あなた様、そちら様	私、こちら、当方
集団	皆様、各位、ご一同様	私ども、一同、手前ども
会社	貴社、御社※1	弊社、小社、当社※2、わが社、私ども、手前ども
店	貴店	弊店、小店、当店
学校	貴校、御校	当校、本校、本学、わが校
土地	御地、貴地、ご当地、そちら	当地、当所、当方、こちら
家族	ご家族様、ご家族の皆様、皆々様、ご一同様	家族一同、一同、私ども
両親	ご両親様、お父様お母様	両親、父母
父	お父様、お父上様、ご尊父様※3	父、おやじ（老父）

母	お母様、お母上様、ご母堂様	母、おふくろ（老母）
夫	ご主人様、○○様（姓か名で）	夫、主人、○○（姓か名で）
妻	奥様、御奥様、令夫人様、（ご）令室様	妻、家内、○○（姓か名で）
子	お子様、お子さん、お子様がた	子ども、子どもたち※4
品物	佳品《かひん》、お心づくし・お志《こころざし》	粗品《そしな》、心ばかり・（気持ちばかり・しるしばかり）の品
食事	ご馳走《ちそう》、佳肴《かこう》、嘉肴《かこう》	粗餐《そさん》、粗飯《そはん》

※1　会社に対して「貴社」の他に「御社」もあるが、やや新しい言い方で、主に話し言葉に用いられることが多い。

※2　「当社」は、「わが社、この会社」の意で、「弊社」のような謙譲語とは違うが、自分の会社を指す呼び名の例として使われることも多い。

※3　「ご尊父様」などは、「尊父」のみで尊敬の意をもつが、慣習として通常「ご（御）○○様」のように、「ご（御）」や「様」を伴って使われることが多い。

※4　自分の息子のことを「愚息」というような言い方もあるが、ここでは省略した。

敬語のキホン⑪　ビジネス文書でよく使われる表現

ビジネス文書を作成する場合、よく使われる表現や、組み合わせとして適切な言葉があります。場面に応じて使い分けましょう（図表9、図表10）。

図表9　言い換え例その1

貴社に	貴店、貴校、貴台《きだい》、貴殿、皆様、○○様、時下　など
おかれましては	には
ますます	いよいよ、いっそう
ご清祥	ご清栄《せいえい》、ご盛栄《せいえい》、ご健勝《けんしょう》、ご繁栄《はんえい》、ご隆盛《りゅうせい》、ご隆昌《りゅうしょう》、ご発展
のことと	の由《よし》、の段、の趣《おもむき》、のご様子、にお過ごしのことと
お喜び（お慶び）申し上げます	存じます、拝察《はいさつ》申し上げます、大慶《たいけい》の至りに存じます、大慶《たいけい》至極《しごく》に存じます、慶賀《けいが》の至りに存じます

図表10　言い換え例その2

平素は	いつも、このたびは、先日は、過日は、先般は、毎々、日頃は
なにかと	ひとかたならぬ、格別の、多大な、たいへん

お引き立て	ご愛顧《あいこ》、ご高配《こうはい》、ご厚情《こうじょう》、ご指導、ご支援、お世話になりまして
を賜《たまわ》り	をいただき、にあずかり、くださり、くださいまして
誠にありがとうございます	厚く御礼申し上げます、心より御礼申し上げます、感謝申し上げます
まずは	右、取り急ぎ、略儀ながら、書中にて
ご挨拶	ご連絡、ご案内、御礼、ご返事
まで	までに、にて、申し上げます、にて失礼いたします
今後とも	これからも、引き続き、なにとぞ、どうぞ、どうか、よろしく、末永く
ご指導	ご指導ご鞭撻《べんたつ》、お引き立て、ご愛顧《あいこ》、ご支援、お導き
賜りますよう	くださいますよう、のほど
よろしくお願いいたします	よろしくお願い申し上げます

敬語のキホン⑫ 説明やおわびの場面での言葉づかい

意味はほとんど同じでも、ほんの少し言い回しを変えるだけで、お客様が受ける印象が全く違ってくることがあります。説明やおわびの場面では、そのひと言の違いは一層大きく響くものです。いきなり話を切り出すのではなく、「申し訳ございませんが／たいへん恐縮ですが」などのクッション言葉を添えて話すことで、より丁寧になりますし、言葉の響きもやわらかくなります。電話や対面での話し言葉はもちろんですが、手紙やメールでの文章言葉としてもよく使われます（心くばりを添えるクッション言葉は31ページ参照）。

図表11 説明やおわびの場面での言葉づかい

悪い表現	正しい表現
そうですね	おっしゃる通りでございます お話の通りと存じます ごもっともです

すぐには返事できません、上司に聞いてみませんと	すぐには判断いたしかねます 私の一存では判断いたしかねますので、上司に確認いたしましてご返事申し上げます
できません	お引き受けいたしかねます お引き受けできそうにございません
怒るのは当然です	お怒りはごもっともと存じます お腹立ちも当然、無理のないことでございます
おっしゃることとはちょっと違うのですが	お言葉を返すようで恐縮ですが おっしゃることはよくわかりますが
希望には合いませんので断らせていただきます	ご希望には添いかねます ご希望にはお応えいたしかねます 今回は見送らせていただきたいと存じます
希望に応えたいのですがすみません	お受けしたいのは山々なのですが お応えできず心ならずもお断りせざるを得ませんことまことに申し訳なく存じます 心苦しい限りでございます

役に立てなくてすみません	なんとかお役に立ちたいものと思っておりますが 肝心なときにちっともお役に立ちませんで なんとかご融通いたしたいところでございますが
迷惑なこととは思っていますが	ご迷惑は重々承知のうえでございますが たいへん厚かましいことと存じますが
言いにくい話なのですが	たいへん申し上げにくいのですが まことに申し上げにくいことでございますが
失礼とは思ったのですが	失礼をかえりみずお尋ねいたしまして つかぬことをお伺いいたしますが
もし何か思い当たるようなことでもあったら	もしお心あたりがございましたら もしなにかご存じでしたら
こちらの事情もわかってください	どうかこちらの立場・事情もご理解くださいますようお願い申し上げます なにとぞお汲み取りくださいますようお願い申し上げます 窮状をお察しくださいますようお願い申し上げます お聞き届けくださいますようお願い申し上げます
大丈夫なところだけで構いませんので	お差し障りのない範囲で結構でございますので

ご面倒でもご返事いただきたいのですが	ご面倒とは存じますがご返事くださいますよう ご回答いただきたく ご回答をお寄せくださいますよう ご返答賜りたくお願い申し上げます

敬語のキホン⑬ 「聞いた」「わかった」を表す敬語表現

「聞いた」「わかった」を表す敬語表現について、いくつか紹介します。大まかな言葉の意味には大差はありませんし、使用の個人差もあるかもしれませんが、敬意の度合いや響きなどの点では多少違いが感じられます。

「了解」はどちらかと言えば、親しい間柄や場面で用いられることが多く、目上の人との会話や接客などの場面では他の表現を用いたほうが敬意を欠く恐れもありません。

「聞いた」「わかった」と「引き受けた」も意味は似ていますから、それぞれ同じように使われるものです。ただし、より丁重に依頼を受けるような場面ではどちらかと言えば、「かしこまりました」や「承りました」が使われることが多いのではないでしょうか。

■「了解いたしました」
物事の筋道・理由・意味などをよくのみこむこと。理解して承認すること。

(例)「(メールで) 明日の時間だけど、三時には間に合うと思う」「了解」

■「承知いたしました」
その事柄、事情を知っている、わかっている意。納得すること。心得ている意。

(例)「明日の件、時間が変更になったそうですが、お聞きになりましたか」「はい、承知しております」

相手の依頼・要求・命令などを聞いて引き受ける意。

(例)「以上のような内容で早速取りかかっていただけますか」「はい、承知いたしました」

「承知」の「承」が「承る(うけたまわる)」と読むためか、「承知いたしました」などの「いたしました」とともに使われる場合などは、謙譲表現として用いられることもあります。また「すでに御承知の通り」などは、「御」が付くことで尊敬表現の意で使われる例となります。

(例)「皆様、すでにご承知の通りでございますが」

■「承りました」

「受け賜る」の意。相手の話、意見などをつつしんで聞くこと。

（例）「本日お集まりの皆様のご感想を承りたいと存じます」

「聞く」「受ける（引き受ける）」「伝え聞く」などの謙譲語。

（例）「セミナーについてのご質問、お申し込みは、3番窓口で承っております」

■「かしこまりました」

恐れつつしむの動詞「畏まる」に「ます」（丁寧の助動詞）と「た」（過去の助動詞）が付いた形。相手の命令・依頼などをつつしんで受ける意。

（例）「来週までにお願いしたいのですが」「かしこまりました。○日にはお届けできるかと存じます」

第2章
うっかり使いがちなこんな普段語に要注意

間違いというものではありませんが、お客様との会話の最中に妙な普段使いの言葉が混じるのもおかしなものです。くだけた場面ならばまだしも、前後の言葉が丁寧なのにそこだけ普段語になっているというのは、言葉としても何だか落ち着かないものです。そんな普段語の例について、いくつか見ていくことにしましょう。

普段語①「10日はちょっと…、違う日ではマズイですかね？」

「マズイ」

普段の会話ならば問題ないでしょうが、お客様との会話としてはそれこそ普段のままの「マズイ」言葉と思われてしまっても仕方ありません。「まずい」には、具合が悪いという意味がありますが、ビジネスや改まった場面では丁寧さに欠けます。言い換えるならば、次のような表現が好ましいでしょう。「10日は予定が入ってしまったものですから／先約がございまして、たいへん申し訳ございませんが、ほかのお日にちでもよろしいでしょうか」「ほかのお日にちにご変更いただけませんでしょうか」など。

普段語②

「めちゃくちゃ」

「めちゃくちゃかっこいいですね」「めちゃくちゃすごいですね」

「めちゃくちゃ」とは、俗語で「めちゃ」を強めた語です。秩序立っていたものが、もとの形をとどめないほどにこわれて混乱した状態になるという意味をもちます。

「昨日は急な雨のせいでせっかくの予定がめちゃくちゃになった」「筋道が通っていなくて話がめちゃくちゃだ」というように用いられます。しかし、最近は、「超」「すごい」などと同じように、「めちゃくちゃうまい」「めちゃくちゃきれい」というように、ものごとの度合いを強調する良い意味の言葉として使われているようです。

しかし本来は、先に述べた通り、もとの形をとどめないほどにこわれて混乱した状態、目茶苦茶になるという意味ですから、言葉の響きや本来の意味を考えれば違和感を覚えるという人もあるでしょう。度合いを強めた意味の言い換えなら、「たいへん」「とても」「非常に」「最高」「すばらしい」「格別に」「類を見ない」などが当てはまりますね。

普段語③

「かわいめなデザインのカードですが」

「かわいめ」

「かわいめコーデ」「かわいめヘア」「きれいめ系」「ごつめのアクセ」…など、「～め」という表現も多いようです。「～め」とは辞書で引きますと、ふつうの程度よりも、そういう性質・傾向を多くもつという意味とあります。本来の使い方としては、「大きめの容器に入れる」「厚めの本」などです。

しかし、最近はゆったりめのシャツ、朝のんびりめに出かけるなどという例も聞かれるようです。言い換えるなら、「～な感じの」「～な雰囲気の」「ちょっと○○な」「少し○○な」というような意味に近い感があります。

「かわいめなデザインのものもご用意しました」「ごつめな感じですがよろしければ」などは、やはり普段の会話ですね。

普段語④

「わりかし」「やっぱし」「やっぱ」

「わりかし、良くできていまして」「やっぱこちらがいいですよね」

「わりかし」とは、「わりかた安く買えた」のような「わりかた（割り方）」の俗語と言われます。言い換えるならば、「割合」「わりと」「案外」「比較的」「思いのほか」などの言い方が近いでしょう。

「やっぱし」「やっぱ」も、「やはり」が転じた俗語です。「やはり」とは、次のような意味をもちます。①以前と同様に、ほかと同様に、そのまま。（例：やはり昔のままの風景だ）、②予想通り、案の定。（例：やはり彼には勝てなかった）、③結局、つまるところ。（例：やはり何度対戦しても同じだ）。

「わりかし人気がありますので、やっぱこっちにしますか？」など、続くと気になるものです。

普段語⑤

「お忙しいところ、すいません」

「すいません」

この「すいません」も、案外よく聞く言葉です。メールの文面でもちょっとした軽いわびや挨拶程度の感じならばわかりますが、通常おわびの言葉を述べるような場面でも使っていることがあります。

基本に戻りますと、元は「すみません」ですね。「すみません」は、「済み」（動詞「済む」の連用形）に「ません」（丁寧語「ます」に打ち消しの「ん」）が付いたもの、これが元々の形ですから、本来は「すみません」であることがわかります。

間違いというものではありませんが、改まった会話や文章では正しい「すみません」を用いるべきでしょう。

普段語⑥

「パンフレットとかお持ちしましょうか」「用紙とかってもうお渡ししましたか」

「～とか」

ほかにも日常の会話の場面でも多いですね。「昨日はテレビとか見て、早く寝ちゃった」「明日とかって暇?」のような「とかとか」口癖になってしまっている例も見られます。

「とか」とは、本来は物事や動作などを二つ以上並列するときに用いる言葉です。たとえば、次のような使い方です。

「ノートとか鉛筆とか、いくつか買いました」

このようにノート、鉛筆とひとつの物に対して言っているのではありませんね。またほかにも、不確かであることを表すという意味があります。「予報ではなんだか夕方から雨だとかいう話ですね」のような例です。

冒頭の「カタログとかお持ちしましょうか」は、実際にはカタログひとつだけしか持ってこないのですから、「とか」は余計ですね。

普段語⑦

「なんだろう？」

「〇〇の本、読んでみたのですが、なんだろう？ おもしろいんですが、なんだろう？ なんか登場人物の気持ちってゆうか、なんだろう？…」

お客様と会話が弾んで、お客様から「今流行っているあの本読みましたか？」などと聞かれた場面です。

すぐに言葉が見つからないという気持ちからなのでしょうが、自問自答しているようで、あまりに「なんだろう？なんだろう？」と連発されると、『「なんだろう」と聞きたいのはこっちだ』という声も聞こえてきそうです。

言い換えという類のものではないかもしれませんが、「ちょっとすぐには言葉が出てこないのですが」「なんと言いましょうか」「うまく表現できないのですが」などの言葉が近いのではないでしょうか。

普段語⑧
「先週～？ 電車で～？」
「～？（語尾上げ言葉）」


「なんだろう」ではありませんが、同じように言葉の語尾を上げる言い方も気になると言われます。「朝とか～？」「早めに～？」「子どもの～？」「準備したあと～？」のような言い方のことで、半クエスチョン型、疑問、語尾上げ言葉などとも呼ばれます。

「昨日～？ 電車で～？ 渋谷～？ 行ったのですが～？」というように、「いつ↓昨日」「交通手段は↓電車」「どこに↓渋谷」とすべてわかっていることに対しても、語尾を疑問形に上げて話すようなしゃべり方で、聞いているとなんだか落ち着かないものです。

このように普段から口癖のようになってしまっていますと、自分では気づきにくく修正するのもますます厄介になります。

普段語⑨

「自分的には全然OKなんですが」「期日的には全く問題ないのですが」

「私的」「自分的」

「的」とは、名詞やそれに準ずる語、多くは抽象的な意味を表す漢語に付けて、形容動詞語幹を作ります。「〜について」「〜に関する」「〜のような性質を有する」「〜の状態にある」のような意味をもちます（例：教育的な意見のほか、一般的、科学的、積極的、消極的など）。

「私的」とは、ほかの人は違うようだが私はこうだ、ということをやや遠慮したような言い方、婉曲な表現のようにも考えられます。しかし、遠慮の反面、あいまいにぼかした感が強まって聞こえるようです。言い換えるならば、「私としては」「私の気持ちとしては」「期日（の点で）は」などが適切です。

普段語⑩

「私って、本とか読むのが苦手な人じゃないですかぁ」「朝が苦手な人じゃないですかぁ」

「〇〇じゃないですかぁ」

このような例は問題ですが、「あの店って、いつも混んでるじゃないですか」ならばわかります。こちらは、あの店は混んでいると一般に知られていると思われることを指して言っているわけです。しかし、冒頭のような例は、私個人のことに対して言っているのですから、『そんなことを言われても』という気になるものです。自分だけではなく、あなたも知っているはずという意味合いなのでしょうが、押しつけがましさや不快感をもつ人が多い言葉のひとつです。もしも、あなたも知っていると思うけれどという気持ちで言うならば、以下のような言い換えは可能でしょう。「たしか～というのがありましたよね、ご存じかと思いますけれども」「以前お会いしたときにお話ししたかもしれませんが、実はお恥ずかしながら朝がどうも苦手でして」など。

普段語⑪

「これって〇〇なんですよぉ～、てゆうかぁ～」

「なんでぇ」「ですよぉ」「てゆうかぁ」「なんかぁ」「みたいなぁ」

「じゃないですかぁ～」に同じく、「～なんでぇ～」「ですよぉ～」とやたらに語尾を伸ばす話し方のことです。「どうしても決まりでぇ～」「規則になってしまってるものでぇ～」「昨日お送りしたんですけどぉ～」など、こちらも口癖になっている人もあるようです。

また、「てゆうかぁ～」「なんかぁ～」「みたいなぁ～」などもそうですね。「スクールっていうかぁ～、なんか簡単な講座みたいなぁ～」などの例です。

「とか」にも似ていますが、これらは付けなくてもいいはずの不要な言葉を加えているもので、聞いていて耳障りに感じるという人も多いでしょう。

普段語⑫

「ぶっちゃけ」

「ぶっちゃけた話、ゴルフも何も全然スポーツダメなんですよ」

この「ぶっちゃけ」は、意外なことに男性も嫌だ、気になるという意見が多く聞かれました。「ぶっちゃけ」とは、次の二つの言葉が合わさったとも言われています。

①「ぶちまける」…包み隠さず、全部打ち明ける。
②「打ち明ける」…今まで人に知らせなかったことを隠さず話す。

しかし、ぶちまけるにしても、ぶちあたるなどにしても、いずれも響きのよい言葉ではありません。

友達同士の会話や普段のくだけた場面の会話ならば、そう気にもならないかもしれませんが、ビジネスの場面では違和感がありますね。包み隠さずに打ち明けるという意味ですから、もしも言い換えるならば、「正直言って」「本当のところ（を言いますと）」「実は」「実は恥ずかしながら」などがより気持ちに近いのではないでしょうか。

普段語⑬

「あざ～っす」「ほんと寒いっすね」

「っす」

「っす」というのは、「です」という丁寧語の形が変化したものと言われています。学生のうちなどは、「あざ～っす」でも、同僚、先輩への挨拶言葉として互いにコミュニケーションが取れるでしょう。しかし、やはり省略した俗な言い方という点は否めませんので、改まった場面では不向きですね。ここはきちんと省略せず「ありがとうございます」「ほんとうに寒いですね」を用いるべきでしょう。

その言葉がすべて悪いというのとは違いますが、せっかく敬語を使っていても、ところどころ普段語が混じっていたり、肝心な言葉が適切でなかったりするのは、せっかくの敬語も生かされないことにもなりかねません。言葉の調和も大切にしましょう。

普段語⑭

「ですよね〜」

「ですよね〜。こんなに低金利になるなんて思いませんでしたよね〜」

低金利との不満を抱くお客様に同意した場面です。「ですよね〜」という言い方にも問題がありますが、言葉の意味の点にも不自然に聞こえてしまう原因があります。「ですよね」の「〜よね」というのは、何にでも使えるものではありません。自分も相手もその事実を当然知っている場合や、または以前から知っていたような場合に使われるのが自然です。

たとえば、「駅や空港は連休時などはたいへん混雑しますよね」というのは、誰もが知っていることですからおかしくないものです。返事だけでなく相手への質問でも「いかがですか、やっぱりいいですよね〜」などというのも、相手の答えが予想できているならともかく、そう聞かれると返事に困ることもあるでしょう。例文も、お客様の気持ちに同意したいという点は理解できますが、「勧めたのはそちらでしょ」などと思われてしまうのは本意ではありません。もしもほんの少し言い換えるなら「私どもその時々で、より良いものを…とお勧めしているつもりではあるのですが、先々の予想というのはほんとうにむずかしいもので…恐縮しております」などでしょうか。

普段語⑮ 「○○しかない」

「感謝しかない」「尊敬しかない」

最近、こんな言い方をよく耳にします。「しか」は、下に打ち消しの語を伴って、それ以外のものを否定する意を表します。たとえば「Aの方法しかない」は、それきり、だけの意味です。恐らく言葉が短く省略されたか、前の語を強調する気持ちからなのではないかと想像します。また「…ありがたく感謝しかございません」ならば、前の言葉が加わり、語尾を「ございません」に換えることで丁寧になり、響きも落ち着く感があります。しかし、相手に賞賛、感謝を伝えるような場面で、あまりむやみやたらに「すごくって感動しかない」「嬉しくて感謝しかない」「助けてもらい感謝しかないです」…と連発されると、そのうち違和感を与えたり安直な言葉に変わってしまうなどの恐れもあるものです。言葉は変わっていきますから、意味のとらえ方が変わり定着する語もありますが、お礼や感謝の気持ちならば、ときには自分の言葉で気持ちを伝えたほうがより伝わることもあります。以前ならば、「ただただ感謝しております」「感謝という言葉以外には見つからない思いです」「あまりの感動に言葉がありません」などがそれに近いでしょうか。

普段語⑯

「ほぼほぼ来週で間違いないと思います」

「ほぼほぼ」

「ほぼほぼ」とは、元々は「ほぼ」からきた言葉です。「ほぼ」とは、全部あるいは完全にではないが、それに近い状態であるさまとあります。だいたい。おおよそ。「物価がほぼ2倍になる」「ほぼ満点の出来」(『デジタル大辞泉』より)という意味です。

この「ほぼ」と同じか、または「ほぼ」を強めた意味で用いられているのでしょうか。あるいははっきり断言は避けたいので婉曲な意味で用いられているのか、実際の意味はどれに当てはまるかはちょっとむずかしい感じがあります。

コラム❷「ほぼ」「大体」

「先日頼んだ企画書は？」と聞かれた返事として「大体できました」。この「大体」が一体どの程度を指しているのか、どの程度出来上がっているのかは実際むずかしいものです。しかし、この「大体」を「ほぼ」に置き換えてみるとどうでしょう。

「ほぼできました」と言い換えると、こちらのほうが「大体」よりもより出来上がりに近づいている感じがするから不思議です。「大体」も、全体のほとんど、たいていという意味ですから、「ほぼ」と意味はほとんど一緒です。「九分九厘」なども同じような意味です。そうなると「ほぼほぼ」は、どの程度に位置するのでしょうね。

第3章
応対シーンで学ぶ言葉づかいの○×△

シーン① 相手の趣味などもよく見極めて

【△】「ウエアとてもよくお似合いですね。何かスポーツをされているのですか？」

【○】「素敵なデザインですね」

今、自分が何か新しいことや習い始めて夢中になっているときなどは、人に話したくなるものかもしれません。しかし、スポーツウエアを着ているからといっても、ジムに行ったりスポーツをしたりしているとは限らないものです。お客様が「最近スポーツを始めたものだから、ジムからそのまま来ちゃって…」などと言った場合ならば、「ジムなんて健康的で素敵ですね」「いえいえ、よくお似合いでいらして」というのは自然でしょう。

スポーツや相手の趣味まではよくわからないような場合は、「素敵なデザインですね」「きれいな（お）色ですね」などのほうが当たり障りがない場合もあります。

シーン② 丁寧さを通り越し幼稚にならないように

【△】「素敵なお洋服ですね」
【○】「素敵なお召し物ですね」

「お洋服」でも間違いではありませんが、ときには幼稚に聞こえることもあるものです。「お召し物」のほうが落ち着きますし、お客様の上着を掛ける際や、また洋装でも和装でもどちらにも使えて便利な尊敬語です。

相手の洋服、身に付けている物という意では、お洋服やお帽子なども尊敬語の意味を持ちますが、単に洋服のみを指してお洋服という場合やお水、お花などの言葉は、敬語の種類としては美化語と呼ばれます。美化語の使い方や印象には個人差もありますから、一概に正誤どちらかとは言えない部分もあります。しかし、お洋服、お靴、お歌のお稽古…のように子どもと接するような場面でも多く使われ、言葉の響きによっては幼稚な印象になってしまう場合もあります。場面に応じて使い分ける工夫も必要でしょう。

シーン③ 誰に対しての敬語なのかを考えて

【△】「私もお肌が荒れて困っています」
【〇】「私も肌が荒れたりして困ることがあります」

先の「お洋服」に続き再び「お」の問題です。「お洋服」に同じく、お客様のお洋服、お客様のお肌ならば尊敬語です。しかし、たとえば、お客様が肌荒れに悩んでいてそれに対して私も…と共感するような場面で、「私もお肌が荒れちゃって」「お肌にもいいので毎日使っています」というような例です。こちらも言葉を美化する美化語のような意味で使っているものと思われますが、「(私の)お体」と自分の体に「お」を付けるのがおかしいのと同様に、「お肌」もよく考えると不自然です。美化語は「ご飯」などの「ご」が付くものもありますが、「お」が付くものが多く、「お酒も召し上がってください/お飲みになってください」のような例は、相手の飲むものという意味で尊敬語の意も持って使われる例でしょうが、単に「お酒」を指した場合は美化語になります。

何に対して、誰に対しての敬語なのかを考えて「お」も使い分けましょう。

シーン④　不自然な「お」もある

【×】「お使い道は、もうお決まりなのですか」
【○】「ご用途はもうお決まりでいらっしゃいますか」

満期やボーナスなど、何に使うのかな？もう使い道は決まっているのかな？など尋ねてみたいと思うことはあるものです。しかし、「何に使おうと勝手」と思われても当然の事柄ですから、あくまでもお客様の様子に合わせて、「差し出がましいようで恐縮ですが…」「もしまだ何もお決まりでなくて何かに（有利な投資等）とのことがおありになりましたら…」など、お伺いをたてるような柔らかい態度のほうが好ましいでしょう。

また、「お使い道」は、金銭や物などの使い道という意味ですから、言葉としては誤りではありません。しかし、あまりに直接的すぎますし、いくら「お」「ご」を付けると丁寧になるとは言っても何にでも付くものではありません。和語には「お」、漢語には「ご」が通常決まり事ですが（中には例外もある）、付けると不自然なものもあります。慣習によるところもありますが、言葉の響きや自然さも大切な要素です。

シーン⑤ 「される」より「なさる」のほうが敬意が高い

【△】「テニスもされるのですか？ かっこいいですね」
【○】「テニスもなさるなんて、何でも万能でいらして、うらやましいです」

シーン①と同様に、「される」は「する」の尊敬語のひとつです。しかし、同じ尊敬語にするならば、「なさる」を用いるほうがより敬意が増し、言葉としても落ち着きます。

「かっこいい」「さすがですね」なども、感動を表したり相手を褒めたりする言葉としては決して間違いではありませんが、「さすが」などは、場合によっては相手を評価しているような印象を与えてしまうかもしれません。「かっこいい」もあまり濫用すると、安直な響きに聞こえてしまうこともあります。相手がゴルフをすることは知っていたけれど、そのうえテニスもすると知ったような場面ならば、自分の話題にもっていってはいけませんが、たとえば、自分と比べて、「私はスポーツが全くダメでして…うらやましい、あこがれてしまいます」などの表現でもいいでしょう。

シーン⑥ 褒め言葉もさりげなく

【△】「素敵ですね。バッグ手作りなのですか？　今度ぜひ作り方を教えてください」

【○】「素敵なバッグですね。お召し物と合っていらして。いつもおしゃれでいらっしゃるから（つい見とれてしまいます）」

「作り方を教えてください」というような言葉を聞くこともありますが、実際にそこまでの機会が訪れることはまずないだろうにと思ってしまうことも多いものです。親しみを込めたい気持ちはわかりますが、あまり唐突な言葉にならないように言葉を選ぶことも必要です。それよりも、「洋服とも組み合わせが効いていて、いつも素敵だなとみんなでお噂していています」「素敵だなとつい見てしまいます」などの言葉を添えることで、さりげなく相手のおしゃれな様子を褒めることにつながるものです。

シーン⑦ 入り込みすぎないスマートさも大切　その1

【△】「新婚旅行はいかがでしたか？　少しはのんびりされましたか？」

【○】「ご旅行はいかがでしたか？」

新婚旅行から帰ってきたというお客様に。お客様が自分から話したいという事柄に対して、「いかがでしたか」と聞くのは話が弾む意味でも良いことです。しかし、「新婚旅行はのんびりできましたか」「新しい生活は慣れましたか」などは、人によっては煩わしさを感じたり馴れ馴れしいと感じたりするおそれもあります。

お客様が話したい様子かどうかを考え、あまり個人的なことには入り込みすぎないスマートさもマナーのひとつです。景色が良く食事が美味しいと評判の場所ならば「○○の名所で景色も素晴らしいそうですね、ご覧になっていかがでしたか」「お食事も美味しいと人気でなかなか予約が取れないと聞いたことがありますので、うらやましいです、素敵ですね」など、相手が話しやすい事柄を選びたいものです。

シーン⑧ 入り込みすぎないスマートさも大切 その2

【△】「もう落ち着かれましたか」「新しい生活はいかがですか？」

【○】「ご名義のご変更でございますね」

親しい友達ならば、「どう？もう落ち着いた？」などの言葉もあるでしょう。

しかし、お客様にとっては、もしかしたらさまざまな事情を抱えていることも考えられます。ここは、用件を聞いて速やかに手続きするだけにとどめたいものです。「ご名義のご変更でいらっしゃいますね。ただいま承りますので…」など。

あまり個人的なことに入り込みすぎないスマートな応対もマナー、心くばりのひとつでしょう。

シーン⑨ 単刀直入に尋ねたほうが自然な場合も

【△】「ひとり暮らしをされていらっしゃるのですか？」

【○】「そのほかの公共料金のお支払いも、いつも窓口（でのお支払い）でいらっしゃいますか？」「そのほかの公共料金のお支払いは、どうなさっていますか？」

「いらっしゃる」の部分が丁寧でも、ここでも「されて」が出てきてしまっていますね。「なさっていらっしゃる」のほうが敬意も高く、言葉としても落ち着きます。ただし、ここでは、若い人に尋ねている場面ですね。独身の若い人に尋ねるのには、相手もちょっと堅すぎると感じるかもしれません。「いらっしゃる」のみ残して、「ひとり暮らしでいらっしゃるのですか」とするか、または、単刀直入に尋ねるほうが自然なこともあるものです。

シーン⑩ 相手の身になった言葉を

【△】「お疲れのお顔、大丈夫ですか」
【○】「毎日お忙しくていらっしゃるのでしょう」

よくお顔を拝見するお客様が、なんだか疲れた表情をしているような場面で、「お疲れなのですか」などという言葉も耳にすることがあります。相手を気づかう気持ち自体は良いことでも、「そんなに疲れた顔をしているかしら」と気になってしまうお客様もあるかもしれません。お客様のほうが「あー疲れた～休みがなくて」などと言ってきたならば別ですが、表情、顔つきなどに触れることは煩わしさにつながるおそれもあります。

「お忙しいのですか」「たいへんですね」「どうぞお疲れが出ませんように」などの言葉のほうが自然でしっくりくることも多いものです。

コラム❸「大丈夫」にも注意！

「大丈夫」という言葉も、あまりむやみに用いるとおかしな言葉になりかねないので注意したいところです。飲食店などでよく聞く言い回しに「お飲み物は温かいのでも大丈夫ですか」「スープはおひとつで大丈夫ですか」などと言うのがありますが、こちらも配慮の気持ちで言っているつもりでも、何でもかんでも「大丈夫」が付くと不自然な言葉に響くこともあります。この「大丈夫」も言い換えるならば、次のような表現に換えられるでしょう。

■言い換え例「お飲み物は温かいものと冷たいものがございますが、温かいほうでよろしいですか」「スープはおひとつでよろしいですか」「スープがおひとつでございますね（かしこまりました）」など。

シーン⑪　気づかう言葉を第一に　その1

【△】「退院、おめでとうございます。良かったですね」

【○】「それは何よりでございます」

入院していたお客様が退院したという報告を聞いて。退院したという事柄に対しておめでたいことという意味で「おめでとうございます」という言葉が推奨されるのかもしれません。正しい間違いという類のものではありませんが、どんな状態なのかというのは本人でなければ分からないものです。退院したとは言ってもまだ本調子でなかったり、心の不安を抱えていることもあるものです。お客様の体調や様子に合わせて、「(ご入院と伺って) 驚きましたが、(お話よりもお早いご退院で) 何よりでございます」「ご案じ申し上げておりました」「まだちょっとお寒い時季ですので、どうぞお大事になさってください」など、心くばりを大切に言葉を伝えましょう。

シーン⑫　気づかう言葉を第一に　その2

【×】「なんだかお痩せになりましたね」「お顔の色がすぐれませんね」

【○】「お元気そうで安心いたしました」

先ほどの「お疲れのお顔」「疲れた表情をなさってますね」などに同じですが、通常の会話でも、また退院後の会話ならばなおさら注意が必要です。

自分では相手を心配したつもりでも、相手が不安に思うような言葉や勝手な解釈、印象を述べるのは、弱った心に励みになるどころか気にしてしまうおそれもあります。また、励ますつもりで、元気なことを強調しすぎるのも逆効果になることもあるかもしれません。あくまでも相手の身になった言葉、気づかいを第一に考えましょう。

シーン⑬

お祝いはお祝いの気持ちのみで

【△】「もうすぐお誕生日ですね。何かお祝いはなさるのですか」

【○】「もうすぐお誕生日ですね。おめでとうございます」

書いてもらった書類の生年月日を見て、『あらっ来週お誕生日だ』と気付くのは良いことです。誰でも自分のことに関心をもってもらったり気づかってもらったりすることは悪い気はしないものでしょう。「そうなのよ。誕生日って歳でもないんだけれど」と言いながらうれしそうな様子が目に浮かびます。しかし、お祝いをする・しないまでは、してもらう場合はうれしい会話になりますが、しない場合は会話が途切れてしまいかねません。

お客様が「珍しく、娘たちが食事をごちそうしてくれるらしくて」などと話してきたのならば、「親孝行の素敵なお嬢さんでうらやましい、うちなんかいつも忘れられてます」というようなやりとりもあるでしょう。

シーン⑭ 相手の言葉づかいや様子に合わせて

【△】「ご退職、おめでとうございます。お疲れ様でした。今後は何かお決まりですか？」

【○】「それはそれは、お疲れ様でございました」

「退院おめでとうございます」「お誕生日のお祝いは？」に同じく、相手がどう思っているか、どういう状態にあるかはわからないものです。相手の言葉や様子に合わせることが大切です。今後の資産運用等こちらとしては勧めたい場面かもしれませんが、お客様が煩わしいと感じたらマイナスです。相手の雰囲気を見ながら、相手の気持ちになって言葉を選びましょう。「○○様のような方がいなくなっては皆さんお困りになるんじゃありませんか」「皆さん頼りになさっていらしたでしょうから」「お仕事もそうですが、ご趣味なども、いろいろともう次のお誘いがあるのではありませんか？」「押しつけがましいようで甚だ恐縮ですが、こんな内容のものもございますので、よろしければ落ち着かれた頃にでもご覧になってください」「もしご興味がおありになりましたらお目通しください」など。

シーン⑮ 判断はお客様の言葉を聞いてから

【△】「3、4歳ごろは可愛いですが、一番手がかかってたいへんでしょう」

【○】「それは可愛いころですね、毎日にぎやかですね」

もしお子さんも一緒に来店の場面ならば、お子さんにも「こんにちは」「いらっしゃいませ」と、笑顔で話しかけることで場も和みます。

「手がかかる」かどうかは、お客様のほうで「いえいえ、可愛いことは可愛いんですがもうわんぱくで一番手がかかるときで」など言ってきてから判断したほうが無難な感があります。もしもお客様から「手がかかる」という話題になったら。「そうですね。よくそんなお話は聞きますが、でも○○様のお子さんですもの、しっかり何でも自分でできそうですが」「でもお母様とこうして一緒に（座って）、大人しくいらっしゃるのですから、お利口ですよ（うちの子など）こうはいかなかったですもの」など。

シーン⑯　根掘り葉掘り聞くのはタブー

【×】「このたびはどうもご愁傷様です。びっくりしましたが、なんのご病気だったのですか」

【○】「何と申し上げたらよいのか言葉も見つかりません。心よりお悔やみ申し上げます」

死因について、お客様に根掘り葉掘り尋ねるのはもってのほかです。葬儀の場でもそうですが、このような場面では驚きとともに言葉も出ないものです。多弁に会話するよりも、言葉少なに頭を下げることでも哀悼の気持ちを伝えることができます。

「このたびは本当に何と申し上げたらよいか…」「急なことで何と申し上げたらよいか…」「このたびはご愁傷様でございます…」「心よりご冥福をお祈り申し上げます」など。

コラム❹お悔やみの場面での忌み言葉

お悔やみの場面での「忌み言葉」にも注意しましょう。現代ではあまり気にしないという人もあるかもしれませんが、しかし一方でやはり気になるという人もあるものです。「たびたび」などは会話の前後のつながりで思わず使ってしまうこともあるかもしれませんが、「生きていらしたころ」などの直接的な言葉は禁句です。

■不幸が繰り返すことを連想させる言葉
【×】たびたび、重ね重ね、再び、再度、再三再四、返す返すも、など。

■悪いことを連想させる言葉
【×】とんだこと、とんでもないこと

■言葉の音の響きがよくない言葉
【×】四（死）、九（苦）

■直接的に生死を表すような言葉
【×】死ぬ、死亡↓【○】逝去、他界、永眠、旅立つ、など(※)。
【×】生きているころ↓【○】ご生前、お元気なころ、など。

※「死ぬ」の尊敬語は「（ご）他界なさる」など。謙譲語はなく、同じく直接的な表現を避けて「他界する」などの婉曲表現が用いられる。

シーン⑰　喜びをともに感じる気持ちで

【△】「大学合格おめでとうございます。これまでいろいろ大変な苦労をされたのでしょうね」

【○】「合格おめでとうございます。これからますます（将来が）楽しみですね」

これも分からなくはありませんが、やや余計なお世話という感もあります。「ここまで来るのにもう大変で」と言われたならば、「そうですか。○○さんの息子さんですから、優秀でいらしてご苦労などおありにならないと思っておりました」というのは話がつながります。「何学部でいらっしゃるのですか」「2校とも合格なさるなんて素晴らしいですね」「どちらになさるかお迷いになったのではありませんか」「お父様（お母様）もさぞお喜びでいらっしゃいますでしょう」など、お客様にとって、おめでたいこと。その嬉しさに共感するような気持ちで話しましょう。

シーン⑱ 言葉の調和も大切

【△】「こんにちは。はじめまして。○○様でいらっしゃいますよね。いつもご利用いただきありがとうございます」

【○】「○○様でいらっしゃいますね。はじめまして。わたくし、○○と申します。いつもご利用いただきありがとうございます」

「○○様でいらっしゃる」の「〜でいらっしゃる」というのは、「〜だ」の尊敬語になりますから、形としては正しい使い方です。しかし、お客様のお噂は伺ってはいるけれど、自分は面識がなく初めてお目にかかるので念のため相手の名前を確認するような場面です。「○○様でいらっしゃいますね。お待ちしておりました」などならばわかりますが、「○○様でいらっしゃいますよね」は、気になります。普段の生活の場面で確認する際に「たしか来週だったよね」のように、なんだか普段語の感じが否めないものです。いくら「いらっしゃる」が丁寧でも、言葉は全体の調和というものも大切です。

コラム❺自分の名前を述べる際の言い方～言葉と姿勢

自分の名前を述べる際の言い方にもいろいろあります。「近代花子です」でも決して間違いではありません。しかし、初対面や改まった場面では、「近代花子と申します」「昨日お電話いたしました近代花子でございます」などのほうが、より丁寧度は増します。

また、自己紹介として自分が述べる場合を想像しても、「近代です」「近代花子です」↓「近代花子と申します」「近代花子でございます」のように、後者のほうが自然と低姿勢になり、おじぎを伴うなどの動作も付いてくるのではないでしょうか。言葉と姿勢も釣り合うことが多いものです。

シーン⑲ 言葉の響きも大切

【△】「田中様ですね。下のお名前もお願いいたします」

【○】「ご苗字が田中様ですね。恐れ入りますが、お名前もお教えいただけますでしょうか」

名前を確認したり、記入してもらう場面で「下のお名前は」これはよく聞く表現です。意味はわかりますが、名前は苗字と名であり上と下があるわけではありません。また、下の名前という響きも良いとは言えません。もっと適切な言葉に言い換えるほうが失礼な感じを与えるなどの心配もないでしょう。言い換えるとすれば、次のような表現が適切と思われます。「ご苗字が田中様ですね。恐れ入りますが、お名前もお教えいただけますでしょうか」「恐れ入りますが、フルネームでご記入いただけますか」。

コラム❻聞き間違えやすい言葉

文字にすれば間違いのないものでも、電話などの会話ではうっかり聞き間違えてしまうこともあります。間違えやすい言葉はその場できちんと確認することでミスを防ぐことにつながります。

■間違えやすい例と確認の方法例

・日にち　8日（ようか）と10日（とうか）↓「8日（はちにち）の金曜日ですね」、4日（よっか）と8日（ようか）↓「4日（よんにち）、月曜日でございますね」

・時間　3時と13時↓「午後3時」「13時、午後1時にお待ちしております」

・人名　武井と掛井↓「武士の武に軽井沢の井」

シーン⑳ 相手を非難しているような言い方はNG

【×】「ちょっとお声が…もう一度おっしゃってください」

【○】「恐れ入りますが、もう一度お名前をお聞かせいただけますか」

相手の声が小さくて聞こえない場合でも、「お声が小さいようです。もう一度おっしゃってください」では、命令口調で、相手の声を非難しているようなきつい感じがします。直接的な表現は避けて、やわらかい婉曲的な表現のほうが好ましいものです。

「何度も申し訳ございません。もう一度お名前をお聞かせいただけますか」「申し訳ございません。ちょっと周りが騒がしくて。もう一度お教えいただけますか」など。

シーン㉑ きちんとした言葉で確認しましょう

【×】「お名前はどんな字で…」

【○】「恐れ入りますが、どのような字をお書きになりますでしょうか」

名前の漢字もさまざまです。自分の友人がこうだから同じ漢字だと思い込んでしまうような例はよくあることですが、相手の名前は相手そのものです。漢字も正しく確認するほうが後々困りませんし、また確認する際にもきちんとした言葉で尋ねることも大切なマナーです。下記以外にもたくさんありますが、同じ苗字でも間違えないように注意しましょう。

・あべ　→安倍・阿倍・安部・阿部
・あんざい→安西・安斉・安斎
・こうの　→河野・川野・高野・上野
・こうだ　→高田・広田・河田・幸田
・さいとう→斉藤・斎藤・齋籐
・しょうじ→東海林・東海・庄司・荘司
・やまざき→山崎・山﨑・山埼・山咲
・わたなべ→渡辺・渡部・渡邊・渡邉

シーン㉒ ちょっとしたひと言でも与える響きは違うもの

【×】「何かお探しなのですか？」
【○】「よろしければお伺いいたしましょうか？」

「何かお探しなのですか」は、自分ではそんなつもりがなかったとしても、受け取り方によっては「この人はなにも興味がないのに、ただ見ているだけ」とでも思われているようで、これではパンフレットに興味があったとしてもその場から離れてしまいそうなひと言です。ここを仮に「何かお探しですか」としても、言葉はやわらぎますが、何だか問い詰められているような感が残ることもあるでしょう。

「何かお探しですか」と聞くのが決して悪いわけではありませんが、何か探してる？用がありそう？と感じるならば、「(その探しているものを、ご用を) もしよろしければ、お伺いいたしますが」と尋ねるほうがスマートな感じがするものです。また「もしよろしければ」と加えることで、煩わしさを与えないようにという配慮も込められます。

シーン㉓ 敬語でない語もあるもの

【△】「いつも当店をご利用いただきましてありがとうございます」

【◯】「いつも弊店をご利用いただきましてありがとうございます」

言葉として誤りというわけではありませんが、敬語だと思って使っているとしたらそれは間違いです。当社や当店などの「当」は、この（会社）。自分の（所属する会社）で、「この」「自分の」という意味に過ぎません。

自分側を低める謙譲語の意味で使用しているのかもしれませんが、「当」や「本」には謙譲語の意味はありませんから、謙譲語にするならば、ここは「弊」や「小」を用いて弊社・弊店・弊行・小社・小店または私どもなどの言い方が適切です。

このような漢語の名詞の接頭語としての言葉は、「弊」「小」など謙譲語の意味をもつ語以外に、尊敬語の意味をもつ語もあります。

シーン㉔ 意味をよく考えて適切な表現を選ぶ　その1

【×】「こちらの用紙を5日までにお持ち込みいただけますか」

【○】「こちらの用紙を5日までにお持ちいただけますか」

何らかの手続きをする際に期限があり、何日までに持って来てほしいというような場面はよくあります。持って来て店の中に入るという状態をイメージするのか時折「お持ち込み」という表現を耳にすることがあります。「持ち込む」とは、持って来るという意味のほかに、話し合いや解決などを求めて話をしかける（相談するような意）、決着がつかないで次の段階に移るというような意味を持ちます。

ですから、持って来るという意味もたしかにあるのですが、物を持って来ると言ってもどちらかと言うと、書類のような物ではなく比較的大きさのあるようなものを運び入れるという感じを受けます。たとえば、「車内に危険物は持ち込まないでください」などの注意書きなどがそうです。不自然な感じにならないように、より適切な表現を考えて用いることも大切な要素です。

シーン㉕　意味をよく考えて適切な表現を選ぶ　その2

【×】「ソッコーで確認いたします」
【○】「ただいま確認いたします」

「ソッコー」にも、即効、速効、即行、速攻、側溝といろいろありますが、おそらくこの場合の「ソッコー」とは、「速攻」を指していると思われます。

「速攻でやります」「速攻で終わらせます」など、よく使われていますね。「ソッコー（速攻）」という響きがテンポよく感じられるというのも理由のひとつでしょう。

しかし、「速攻」とは、本来はすばやく攻め立てることという意味です。使い方としては、「速攻で横綱を倒す」のように用います。ですから早く片付けるというような意味では間違いとも言えない点もありますが、すぐにという意味ならば、ほかの表現のほうがしっくりくるものです。言い換えるならば、「ただいま」「今すぐ」「ただちに」「大至急」「早急」「大急ぎ」「速急」などが当てはまるでしょう。

シーン㉖ 相手の気持ちを考えた表現を選ぶ

【×】「こちらも返事をする都合がありますので」
【○】「こちらの都合でまことに申し訳ございませんが、実は月末までに提出しなければならないものですから」

相手からの依頼で返事を待っているのに、まだ返事がない、書類が届かない等、相手に催促をしなければならないこともあるものです。

しかし、催促する場合でも一方的に頭ごなしに非難するような表現は避けるべきです。相手にも何らかの事情があるかもしれませんし、何より非難するのが目的ではなく返事をもらうことが大切なわけです。相手を促しお願いするような態度で伝えるほうが賢明です。「まことに申し訳ございませんが／こちらの都合でまことに恐縮に存じますが、実は月末までに先方にご返事しなければなりませんで…」などの言い換えが好ましいでしょう。

シーン㉗ 怒りを増大しかねない表現に注意 その1

【×】「ですから、こちらだけではお受けできないんです」

【○】「何度もご足労をおかけしてまことに申し訳ございませんが、こちらの書類のほかにもう1枚○○が必要でございまして」

必要な書類が足りなくてこの場では発行できない、受理できないようなこともあります。何度も説明をしているのに…という苛立ちから、つい言ってしまうひと言がお客様を怒らせてしまうことにもなりかねません。

「ですから」は、「だから」を丁寧に言う言葉ですから、「朝八時からご利用いただけますので、ですから九時でしたら間違いありません」のような使い方でしたら問題ないものです。しかし、例文の「ですから」は、「ですから～もう何度も言ってるじゃない、何回言ったらわかるの」という偉そうな態度が感じられ、言われたほうはカチンときてしまうでしょう。

シーン㉘ 怒りを増大しかねない表現に注意 その2

【×】「先ほどからご説明してますが、ご本人確認できるものをお持ちください」

【○】「申し訳ございません。ご本人確認のこちらの○○をお持ちいただけましたらすぐに発行できますので。何度もご面倒をおかけして申し訳ございません」

これでは「さっきから何度も言っているじゃない、一体何度言ったらわかるのよ」と言わんばかりです。何度説明しても理解してくれない場合はたしかに困りますが、だからと言って何を言ってもいいわけではありませんね。同じ「何度も」でも、「何度も説明していますが」ではなく「何度もご面倒をおかけして／ご足労をおかけして」ということで、書類が足りないから「何度も」になるのだと促し理解を得ることが大切です。また、この書類をご提示いただくことにはどうしても決まりがあることを述べたり、書類があればすぐお渡しできるなどの言葉を添えたりするのもひとつです。

シーン㉙ 「思いますか」は敬語？

【×】「今後はどのようになると思いますか？」
【○】「どのようにお思いになりますか？」

「思いますか」では、単にです・ますを用いて語尾は丁寧にはなっていても、肝心な「思う」という動作の部分が敬語になっていません。「思われますか」としても正しい尊敬語にはなりますが、「テニスをされる」より「テニスをなさる」のほうが、同じ尊敬語でも敬意が高いと述べた通り、こちらも同様に「思われる」よりも「お思いになる」のほうが敬意が高い表現です。

新聞やテレビなどで株価の動向が話題になったような場合、「お客様はどう思う？」と尋ねたりする場面もあるでしょう。「お客様の考え」ですからやはりその部分はきちんと敬意を込めて言葉を選びたいものです。「どのような予想でいらっしゃいますか」などでも良いでしょう。

シーン㉚ 誰が聞くの？

【×】「係りの者がおりますので、伺ってください」

【○】「係りの者がおりますので、お聞きください（お尋ねください）」

「係りの者」「担当者」は、自分側の人間ですからここは「係りの者」「担当者」で正しい言い方です。しかし、その係りの者に聞くのは誰かというと、お客様の行為を指すわけです。「伺ってください」の「伺う」は謙譲語ですから、お客様の行為に用いる敬語ではないため誤用です。お客様の行為を尊敬語で表すならば、「係りの者にお聞きください」あるいは「お尋ねください」が正しい表現です。

シーン㉛ 持つのは誰？

【×】「こちらお持ちしますか？」
【○】「こちらお持ちになりますか？」

「お客様、こちらのパンフレットはお持ちしますか」と言ったら、「ご親切にありがとうございます」という返事がかえってきて困ってしまったというような話を聞いたことがあります。尋ねた社員は、自分が持っていくのではなく、お客様が持って帰るかどうかを尋ねたかったのですが、どうやらお客様は出口まで社員が持っていってくれるととらえたようです。

これは、お客様が正しいのです。「お持ちしますか」の「お持ちする」は、謙譲語ですから、これは「自分が持っていくかどうか」をお客様に尋ねたことになります。

お客様が持っていくかどうかを尋ねたいのであれば、ここは「(こちらのパンフレットを) お持ちになりますか」または「(お荷物になってしまいますが) お持ち帰りになりますか」と聞けば正しい尊敬語です。

シーン㉜ 昨日話したけど？

【△】「私、○○と申します」

【○】「昨日お電話いたしました○○でございます」「私、昨日お電話いたしました○○と申しますが……」

電話でよく聞く会話です。電話を受けた人と話すのが初めての場合や、誰が出るかわからないのでということもありますから、その意味でならば理解できますが、何度も電話で話していてよく知っている相手や、面識のある相手にいつでも「私、○○と申します」を使うのはしっくりこないものです。「申します」と名乗るのは、本来は初対面や相手が自分のことを知らない場合に使う表現です。

相手と面識がある場合、何度目かの場合ならば、「私、昨日お電話いたしました／先日お目にかかりました○○でございます」のほうが自然です。電話は誰が受けるかわからないという点では、誤りだとか不快だとかいう類のものではありませんが、場面に合わせて言い換えたほうが自然に感じるということも多いでしょう。

シーン㉝

「様」は何にでも付く？

【×】「こちらの欄にお名前様をご記入ください」
【○】「こちらの欄にお名前をご記入ください」

お客様に対してより丁寧に述べたいという気持ちから起こるのでしょうが、言葉としてはおかしな言い方です。「さま」は、いろいろな用法がありますが、そのひとつに、方角を表す意があります。そこから、高めるべき人を直接言うことをはばかって、相手のいる方角、方向という意味で敬称として用いられるようになったとされます。

ですから、人を表す語の敬称として、お父様、お嬢様、先様（相手を敬って言う語。先方様。あちら様の意）のように用いられます。「お名前」は、「名前」に「お」が付いた形ですでに尊敬語の意をもちますから、「様」はいらないわけです（ただし、「ご令息様」などは、「令息」で尊敬語の意をもちますが、通常「様」をともなって用いられます。「令」については29ページ参照）。

シーン㉞ 何度も使用するとくどいことも

【△】「内容をご覧いただきまして、ご確認いただきまして、お名前とご住所をご記入いただきましたら返信用封筒にお入れいただきご返送ください」

【○】「ご確認のうえ、用紙にお名前とご住所をご記入後、返信用封筒にてご返送いただけますでしょうか」

間違いというものではありませんが、丁寧語の「です」「ます」なども同じ文章内に何度も続き使いすぎますと、くどい感じがしてしまいます。たとえば、文章の途中は簡略化しても、使うべきところに丁寧語を用いて全体の感じが整っていれば、敬意が欠けることはありません。言い換えるならば、「(内容を)ご覧になりましたら、お名前とご住所をご記入いただき、返信用封筒にてご返送ください」「ご確認いただき、お名前とご住所をご記入後、返信用封筒にてご返送願います」など。

シーン㉟　二重敬語になっていませんか？

【×】「新聞をお読みになられて急用ができたとおっしゃられてお帰りになられました」

【○】「新聞をお読みになって急用ができたとおっしゃってお帰りになりました」

傍線部分は「二重敬語」と呼ばれる誤りです。相手の行為を丁寧に表現しようとする気持ちは理解できますし、言われて腹が立つという誤用ではないと感じますが、やはりくどさは否めません。例文の「読む」を例に二重敬語を見直してみましょう。

二重敬語とは、「読む」に対しては、「お読みになる」か「読まれる」どちらかひとつですよいところを同じ種類の敬語（ここでは尊敬語）を二重に用いてしまう誤りのことです。ですから、ここは正しくは次のようになります。ただし、たとえ正しくてもくどい場合は、先ほどに同じく途中を省いてもよいものです。「新聞をお読みになり急用ができたとのことでお帰りになりました」など。

シーン㊱ ウチ・ソト問題 その1

【×】「（部長の）鈴木は席を外していらっしゃいます」
【○】「（部長の）鈴木は席を外しております」

お客様から上司の鈴木部長宛に電話がありました。鈴木部長はあいにく席を外している場面です。「いらっしゃる」は「いる」の尊敬語ですから、たとえ上司でも他社の人と話す場合は身内の上司を高めてしまうため誤りです。

さて、ここでもうひとつ問題になるのは、部下が上司の「鈴木部長」について話す場合、「鈴木は」「部長の鈴木は」と呼びすてにすべきかという点です。これは一種のマニュアルのように呼びすてにすべきという考えが広まっているようです。「鈴木さんは／部長の鈴木さんは」というのは明らかに誤りです。しかし、「鈴木部長は」というのは間違いではありません。なぜなら、部長は元来、敬称ではなく役職の名前です。ですからその点から考えても「鈴木部長は」と言っても良いわけです。

シーン㊲　ウチ・ソト問題　その2

【×】「鈴木部長は今ここにはいません」
【○】「鈴木部長は今こちらにはおいでになりません」

電話の相手が鈴木部長よりも上の役職の人である場合はどうでしょう。「いません」では、あまりにもそのままで敬意がなさ過ぎます。ここは電話の相手への敬語とともに、鈴木部長への適度な敬意を込めて表現するのが適切です。

「おいでになりません」「いらっしゃいません」が、もしかしこまり過ぎるという場合は、「今席を外していらっしゃるようです」「席を外しておられます」などでもいいでしょう。

シーン㊳ 支店長からの課長への伝言を部下の自分が伝える場合

【△】「支店長室へ（課長が）お電話をくださるようにとおっしゃっていました」

【○】「支店長室へお電話をとおっしゃっていました」

支店長が課長に電話がほしいということを、自分の上司である課長に伝える場面です。どのような言い方が最も適切でしょうか。先の例の「お電話をくださる」は「くれる」の意の尊敬語になり、課長に対しての敬語になり、「言う」の尊敬語の「おっしゃる」で支店長への尊敬語にもなります。しかし、「お電話をくださる」では、支店長から課長への言葉としては、部下の行為を高めている感があり言葉として落ち着かないものです。そうかと言って「電話がほしいと」では敬意不足な感があります。ここはひとつの方法としては、「(電話を)する」という部分を省略して述べることも可能です。「する」を省いて、支店長の「おっしゃる」の部分を残し、「支店長室へお電話をとおっしゃっていました」または「支店長室へお電話をとのことでございます」とすることで程よい敬語になります。

シーン㊴ 課長から支店長への伝言を部下の自分が伝える場合

【△】「支店長、課長がこのようにおっしゃっていました」
【◯】「支店長、課長がこのように言われておりました」

今度は、上司の課長がそう言っていたということを、支店長に話す場面です。先の例の「課長がこのようにおっしゃっていました」は、自分から見れば、課長も支店長も上司であるので「課長が言う」という行為を「課長がおっしゃる」と表現することは間違いとも言えないものです。しかし、同席している支店長からすれば、支店長を前に「(課長が)おっしゃる」と言われるのも落ち着かないということも起こります。

そこで、「課長が申しておりました」とすれば、【自分・課長】→【支店長】で、課長は同じ課内、ウチの人間であるからという点では理解できます。しかし、これでは課長に対する敬意が低いという点で今度はこちらも落ち着かないものです。ここは「課長がこのように言われていました」といった中間の敬語を用いる方法もありますし、「言う」の部分を省き、「課長のお話では◯◯とのことでございます」と述べることもできます。

シーン㊵ お客様は「部長」か「部長さん」か

【△】「田中部長さんのお考えをお聞かせいただけますか」
【○】「田中部長のお考えをお聞かせいただけますか」

一般的には「田中部長」ですが「田中部長さん」も誤りというものではありません。

先の自分の上司を「(上司の)鈴木さんは/鈴木課長さんは」は、誤りと述べました。これは自分の上司＝ウチ・身内に対して「さん」では身内に敬語(敬称)を用いてしまっているため誤用になるわけです。ですから、その反対にこちらの例文は、ソトの人間である「田中部長」の行為を述べているのですから、その意味では「田中部長さん」でも間違いではないということになります。つまり、先述の通り「部長」は役職にすぎませんから、そこに「様」の音変化である「さん」という敬称を付けても間違いではありません。

しかし、一般的には「田中部長」のほうが慣習として広く用いられていると思われます。相手との関係や話し言葉などの場面では「田中部長さん」も使われることもあり、部長は役職名という点では、使っても間違いというわけではないというとらえ方でいいでしょう。

シーン㊶ お客様の怒りを鎮めたいのに…

【×】「もう少し早くできないの？」「すいません〜」

【○】「お忙しいところ、長時間お待たせいたしまして、たいへん申し訳ございません」

「すみません」を詳しく見てみましょう。「すみません」は、「済み」（「済む」の連用形）に「ません」（丁寧語の「ます」に打ち消しの「ん」）が付いた形で「すみません（済みません）」です。ですから、言葉本来の形は「すいません」ではなく「すみません」であることがわかります。そしておわびの言葉としては、「すみません」よりももっと改まった「申し訳ありません／申し訳ございません」が使われることが多いでしょう。このおわびの言葉に加えてもうひと言添えることでより丁寧になりますし、おわびの気持ちも強まります。先に挙げた正しい表現のほかには、「お忙しいなかお越しいただきましたのに、ご迷惑をおかけしてしまいまことに申し訳ございません。順番にお伺いしております、もう間もなくかと存じますので、もうしばらくお待ち願えませんでしょうか」など。

シーン㊷ 行き違いがあってもまずはきちんとおわびを

【×】「あれ？そうでしたか？ちょっと聞いてませんで…」

【○】「それはたいへん失礼をいたしました」

お客様のところに最初に伺った行員が、お客様にパンフレットがほしいと言われた場面です。送るよりも次回、別の行員が訪ねた際に手渡しするほうが早いので、「次回別の者がお伺いする際にお届けいたします（そのように言っておきます）」というような場面です。

ところが、お客様は、いざ来た行員に聞いてみると「そんなことは知らない」「聞いていなかった」などということもよくあることです。悪気はないのかもしれませんが、お客様に迷惑がかかっているのですから、きちんとおわびをする姿勢は大切です。

言い換えるなら、「それはたいへん失礼をいたしました」のほか、「きちんと話が通じておりませんでしたようでお恥ずかしい話で申し訳ございません／うっかり確認もいたしませんで、すぐにお届けいたします」「いつも○○様にはお世話になっておりますのに、ご迷惑をおかけしてしまい申し訳ございません」など。

シーン㊸ ちゃんと読んでいない相手が悪い!?

【×】「よくご覧になりましたか」「お読みになりましたか」

【○】「ページ数が多いものですから、お分かりになりにくい点も多くたいへん失礼をいたしました」

お客様から「パンフレットなのですが、○○の部分がわかりませんで…」と問い合わせを受けた場面です。よく読めばわかることであっても、びっしり書かれた文字に見落としてしまうことやわかりにくいこともあるものです。「ご覧になりましたか」「お読みになりましたか」は言葉としては間違いでなくても、ちゃんと読んでいない相手が悪いと相手を責めているような印象を受けます。こちらに非がなかったとしても、きちんと丁寧に応対するのは接客の基本です。相手の落ち度を突くような言い方は避け、分かりにくさをわびましょう。言い換えるならば、「それはたいへん失礼をいたしました」「私の説明がいたりませんで／言葉が足りませんで／ご迷惑をおかけいたしました」など。

第4章
これで解決！　言葉づかいの悩みや疑問

普段何気なく使っている言葉でも、これは正しいのかな？と思ったり、どちらがより適切なのかと迷ったりするような言葉も案外多いものです。

言葉は時代によっても変化するものですから、以前は誤用とされていたものが現在は使用されていたり、場面によっては一概に間違いと言い難かったりするものなどもありますが、その背景や理由を知ることも迷いを防ぐことにもつながります。

言葉の疑問①

「母からいただいたものです」が気になる

「あら、素敵な万年筆ですね」とお客様から褒められたとき、「ありがとうございます。母からいただいたものなんです」と答えたシーンです。特に主人の母・義母からなどの場合によく耳にします。自分の母でも夫または妻の母でも、自分の身内であることには変わりありません。そこに「いただいた」と、「もらう」の謙譲語を使ってしまっては、身内の母を高めてしまうため誤用です。相手からもらったものなのでという気持ちはわからなくはありませんが、お客様との会話の中で自分の身内に敬語を使ってしまっているわけですから、おかしな言葉づかいです。

言い換えるなら、「母からもらった万年筆です」または「母が記念にとくれた万年筆なもので、お褒めいただきまして母に話したら喜ぶと存じます」などが適切でしょう。

言葉の疑問② 「なるほどですね」や「なるほど」の繰り返し

「なるほどですね」は、「なるほど」に「です」を付けて丁寧に表したものと考えられます。地域による使用度合いやとらえ方の違いなど個人差もあると思われますが、改まった場面や目上の人の意見を聞く場面での相づちとしては、誤解されるおそれもあります。「なるほどですね」や「なるほど、なるほど」と連発されると、違和感を覚える、気になるという人も多い表現です。

「なるほど」というのは、相手の言葉を受け入れて自分も同意見であるという意味をもちます。同意という点では問題がなくても、受け入れて納得するという点が相手の意見を自分が評価しているような響きも与えるため、偉そうに聞こえてしまうおそれもあるものです。相づちや癖などは、案外本人は気が付かないことも多いものです。「なるほど」「なるほどですね」と言いながら腕を組んだりしている人も時折目にすることがありますし、「うん」「うん」などの相づちの例も見られます。

言葉の疑問③　「全然いい」は正しい!?

「全然」はよく問題になる言葉ですが、まずは辞書の意味を確認してみましょう。

①（あとに打ち消しの語や否定的な表現を伴って）まるで。少しも。「―食欲がない」「その話は―知らない」「スポーツは―だめです」。

②残りなく。すっかり。

③（俗な言い方）非常に。とても。「―愉快だ」。（『大辞泉』（小学館）より）

①のように、あとに打ち消しの語を伴って「全然〜ない」の形で用いるほうが自然だと感じる人も多いようです。以前は誤りとされることもあったようですが、しかし、辞書の解説にもあるように、「（俗な言い方）非常に。とても」の意味で「全然愉快だ」のようにも用いられるとありますから、このように肯定的に用いるのも一概に誤りとも言えないというのが現在のとらえられ方でしょう。

補足するならば、「全然おいしい」というのは、「こちらのほうが（全然比べものにならないぐらい）おいしい」というように、カッコ内の言葉が省略されているとも考えられます。また、「断然いい」などの「断然」と響きが似ているというのも、理由のひとつと感じます。

言葉の疑問④　「させていただきます」が気になる

「させていただく」というのは、何かをさせてもらうという意味の謙譲語ですから、その言葉自体が間違っているわけではありません。しかし、たびたび問題になったり不快感を与える言葉と言われたりするのは次のことが原因です。

まず、何にでも使えるというわけではないのに、相手には関係のない場面でも「こちらの新商品を開発させていただきました」のように不適切な使用例が見られることとその濫用です。「させていただく」は、相手から何らかの許可や厚意、恩恵を得たような場面で用いられる言葉です。

ですから、「ファックスを使わせていただきまして、ありがとうございます」やパーティーの招待状の返信としての「出席させていただきます」などの例は、相手から許可や恩恵を得る意味で正しい使い方となります。便利に使われている言葉ですが、不愉快な言葉という印象を与えてしまうには、このようにそれなりの理由があります。上手に使い分けましょう。

言葉の疑問⑤ 身内の人間だから上司でも呼びすてにすべき!?

シーン㊲（116ページ）にあるように、社外の人から電話がかかってきて、「田中部長は今席を外している」と伝えるような場面でしょう。このような場面で「今、席を外していらっしゃいます」と言うのは誤りですね。「席を外しております」が適切です。

さて、ここで「田中は席を外しております」と言わなければ誤りなのかということですが、結論を言えば、「田中部長さんは／田中さんは」というのは誤りですが、「田中部長は」と言うことはできます。なぜならば、部長や課長などは、さんや様などの敬称ではなく、役職の名前であるからです。

「部長の田中は」「田中は」と呼びすてにすることが誤りなのではありません。自分の上司であっても社外の人と話す際には呼びすてにするという一種のマニュアル、習慣があるのは事実ですが、自分の立場や相手との関係によっては、呼びすてにすることが不自然に響く場合もあるものです。ですから、相手と場面によって多少違ってくると言えます。

相手との関係や場面によっても違ってくるというのをもう少し詳しく説明しましょう。たとえば、自分がまだ新人であったり、上司と社外の相手が古くからの親しい間柄にある人物であったりするような場合を考えてみましょう。「田中ですね」と呼びすてにするのも、親しい相手からすればしっくりこないということもあるものです。そのような場合は、無理に呼びすてにせず役職名を付けて呼ぶこともできるということです。このような点も、相手に不快感や違和感を与えない、相手や場面に応じた対応と言えるでしょう。

言葉の疑問⑥　初めての訪問での挨拶に自信がない

「こんにちは、初めてお伺いしました近代銀行の鈴木です。このたびこのエリアを担当させていただきましたので、ぜひご挨拶にと伺わせていただきました」はどうでしょうか。

初めての訪問ですから敬意は大事。慇懃無礼になったり、馴れ馴れしすぎることのないように程よい言葉で挨拶したいものです。

さて、「こんにちは」は、挨拶の言葉ですから間違いではありません。しかし、「こんにちは、はじめまして～」「いらっしゃいませ、こんにちは～」のような、妙な決まり文句のような言い方は、不快に感じるという意見も多いので注意も必要でしょう。

この「させていただく」は相手から許可・厚意・恩恵等を得たと見なした言い方と考えられますが、使いすぎないように。それらに注意して言い換えるとすれば次のようになります。「私、近代銀行の鈴木と申します。突然お伺いいたしまして申し訳ございません／失礼をお許しくださいませ。実はこのたびこちらのエリアを担当することとなりましたので、ひと言ご挨拶申し上げたくお訪ねいたしました」など。

言葉の疑問⑦　お客様のご家族の呼び方は？

「いつも敬子様にはお世話になっております」。お客様の家族を何と呼ぶかという問題です。例文は夫（敬二様）である人物に向かって、妻である人物＝敬子様への言葉です。間違いではありませんが、姓ではなく名で表すことで、馴れ馴れしい感を与えてしまうことは避けたいものです、場面に合わせて適切な呼び方を心がけましょう。たとえば、「こちらの欄にはご主人様・敬二様のお名前を、左の欄には奥様・敬子様のお名前をご記入願います」などの場面ならば自然でしょう。

言葉は様々な意味をもつ語もありますが、他人の夫に対する尊敬語としては「ご主人（様）」。妻に対する尊敬語としては「奥様」が一般的に一番多く用いられているでしょう。また、手紙などの宛名・敬称としては、「御主人様」「奥様」以外に、妻の敬称として「御奥様」「令夫人様」「（御）令室様」などの言葉があります。「令」のみで尊敬語の意をもちますが、「御令息様」などに同じく、通常「ご（御）」「様」をともなって使われます（46ページ「敬語のキホン⑩ ビジネス文書で用いる敬称」参照）。

言葉の疑問⑧　さりげなく話を切り上げる方法

お客様とのコミュニケーションとして、世間話やおしゃべりというのも決して悪いものではないでしょう。しかし、お一人にずっと関わっているわけにもいかず、次のお客様がお待ちの場合などもあるものです。そのようなとき、お客様の気分を壊すことのない切り出し方とは、どのような言い方が好ましいでしょうか。イライラした感じが顔に出てしまうのは、避けたいものです。「楽しいお話をたくさん聞かせていただきありがとうございました」「楽しくて、ついいろいろ伺ってしまいまして」などがさりげなく話を切り上げる表現でしょう。

また、「楽しいお話を」「勉強になりました」など感想を述べる以外に、話が長いことをお客様のせいにせず自分側の言葉として述べる方法もあります。「あまりにお話が楽しいので、つい次々とお尋ねしてしまい失礼いたしました」「ついお時間を忘れて夢中になってしまいました」など。

言葉の疑問⑨　お客様の世間話がなんだか長引きそう

次の用件が迫っていて急いでいるときなどに時計をチラッと見ることや行員同士で合図をしたりすることはやむを得ないことですから、必ずしも悪いわけではありません。しかし、ほかの行員と目で合図したり、後ろから耳打ちするというしぐさも案外目立つものです。お客様に気を使わせることのないようスマートなしぐさを心がけたいものです。

または、次の予約があるのはビジネスでは当然のことですから、場合によっては、「申し訳ございません。もっとゆっくりお話をお伺いしたかったのですが、実は次のご予約がございまして、はじめに申し上げればよかったものを申し訳ございません」などのように正直に話しておわびするか、話の途中でその旨をチラッと述べておくのもひとつの方法かと思います。

言葉の疑問⑩ しぐさにも気くばりを

お客様と話をしていて、お客様と意見が異なるような場面で言葉に発しなくても時折こんなしぐさを目にすることがあります。たとえば、「首をかしげる」ようなしぐさです。「首をかしげる」とは、疑問に思う、不審に思うなどの意味をもちます。親しい友人との雑談などで「う～ん、どっちかな～」などと迷うようなときにもするしぐさでしょうが、お客様が話している途中で、たとえ違う意見であっても、このようなしぐさをするのは好ましいものではないでしょう。納得できないような場面でも使われますから、とらえ方によっては「そんなこと…それほどの話でもないのに……」と、否定、納得できないと拒絶されているような偉そうな態度にも映りかねません。

また、自分が物を落としたりした際に、たとえ自分のことでも、「ちぇっ」と舌打ちするようなことはもってのほかです。いくら応対の言葉が丁寧であっても半減してしまいます。自分では気が付かないしぐさや癖にも時折気をくばりましょう。

言葉の疑問⑪　聞こえていない場面でもお客様には見られている

お客様と面と向かっての敬語は正しくても、その場から離れた途端に不適切な言葉づかいになってしまう例もあるものです。

たとえば、「申し訳ございません、私では分かりかねますので、ただいま確認してまいります。少々お待ちいただけますでしょうか」と、ここまでは問題がなくても、上司に確認する次の場面で問題が生じます。「今〜、○○のお客様が来てまして〜、〜してほしいと言うんですが、返事しちゃっていいですかね〜」などの会話です。ここまで極端でないまでも、聞こえてないと思い、「来る」「言う」などの動作の言葉も敬語になっていない、「都合が悪いとかで来週にしてほしいってことなんですが」などの言葉は時折耳にすることがあります。

「都合が悪くて悪かったわね」と言われてしまいそうな言葉ですが、ここで大切なのは、待たされている場面などは、お客様は案外見ているものということです。言葉は聞こえなくても、こちらをチラチラ見て、コソコソ話したりするしぐさも気になるものです。聞こえていない場面でも対面同様に敬意を欠かさないこともマナーです。

言葉の疑問⑫　社長がお父さんで部長が息子・後継者の場合の敬語表現

社長を高めるのは勿論ですが、後継者である部長への敬意も忘れてはいけません。たとえば、次の2つ場面での敬語表現について考えてみましょう。

〈例1〉「田中部長のことは社長から聞いてますのでよく知っています。一度挨拶をしたいと思っておりました」

まず「聞いている」と「知っている」を敬語にしましょう。「聞く」は、この場合「(自分が)聞く」のですから、「伺う／お伺いする」です。同じく「(自分が相手を)知っている」は「存じ上げる」です。次に「挨拶をしたいと思っていた」は、「ご挨拶したいと思っておりました」またはより丁寧に「ご挨拶申し上げたいと思っておりました」などになります。それらをつなぎ合わせると次のようになります。

「(田中部長のお話は/田中部長のご活躍のお話は)社長から伺っておりますので、よく存じ上げております。一度ご挨拶申し上げたいと思っておりました」

(例2)銀行員「社長から見て(後継者の)田中部長はどうですか」

社　長「いや〜まだまだですよ」

銀行員「そんなことないですよ」

社長からすれば後継者であっても息子=身内ですから、低めて謙遜することが多いものです。しかし、それにつられて敬意を欠くことのないように気をつけなければいけません。

(例2)では、「見て」「どうですか」がそのままですので、まずはこの部分を敬語にしましょう。この場合「見る」のは社長ですから、「ご覧になる」を用います。「どうですか」は、「です」の部分は丁寧でも「どう」がそのままなので改まった言い方である「いかが」に換えることでより丁寧になります。次に「そんなことないですよ」ももう少し敬意を込めて述べると次のような言い方ができます。

銀行員「社長からご覧になって（後継者でいらっしゃる）田中部長はいかがですか」
社　長「いや～、まだまだだよ」
銀行員「いえいえ、まだまだなんて…。（田中部長のような優秀なご子息／後継者がいらっしゃるなんて）おうらやましい」

言葉の疑問⑬　目上の人が複数いる場合の程よい敬語

敬意を表すべき相手がひとりの場合はそう困らなくても、お客様や取引先の相手と、自分の上司である部長など、聞き手が二人いるような場面では言葉づかいに困る場面もあるものです。取引先の会社の社長、自分の上司である支店長、そして自分がいる場面です。

社　長「ゴルフがご趣味でいらっしゃるとは。先日もコンペで優勝なさったそうで素晴らしいですね」
支店長「いえいえ、そんな…、単に趣味で楽しんでおりまして」
社　長「いやいや、そうはおっしゃるけれど、見事でいらっしゃる。ねえ」
「君もそう思うだろう」と同席した銀行員が返事を求められたような場面です。このような場面でどう答えたらいいものでしょうか。

A「支店長の（ご）趣味でいらっしゃいますから」

B「（ご）趣味でなさっていますから」

C「（ご）趣味でしておりますから」

D「（ご）趣味でしていますから」

これらを比べた場合どうでしょう。まず、「ご趣味」となりますと尊敬語で上司を高めすぎる感がありますので、「ご」を取って「趣味」とします。しかし、それでも、A「趣味でいらっしゃいますから」、B「趣味でなさっていますから」では、「いらっしゃる」「なさる」がおかしいですね。C「趣味でしておりますから」、D「趣味でしていますから」では、上司は身内・自分側の人間ですから、その意味ではC「趣味でしておりますから／趣味でいたしておりますから」あたりが謙譲表現であり適切と思われます。

しかし、こちらも自分の年齢や立場、また先述のように相手と自分の上司が親しい場合などは、しっくりこないことも多いものです。このような場面では、次のような言い回しぐらいのほうが、どちらにも敬意を欠く心配もなく言いやすい感があるのではないでしょうか。「長年の趣味でございますので」「長年の趣味でございまして」など。

言葉の疑問⑭　敬語が重すぎるときは言葉の後ろのほうを敬語にする

「そうでございますね／さようでございます」「手前どもは…」などは、言葉としては丁寧ですし決して間違っているわけではありませんが、ときに大げさに聞こえる場合もあるものです。また、「そうでございますね／さようでございます」「手前どもは…」と言ったかと思ったら、「道路がめちゃくちゃ混んでますよね」「こちらのファイルのヤツはもう見られました～？」などというのは、落ち着かないものです。

そうかと言って丁寧な言葉を並べ立てるだけでは慇懃無礼になってしまう恐れもありますし、あまり普段使い慣れていない言葉は滑稽に響いてしまうこともあります。

「さようでございますか」も連発すると丁寧すぎる場合などは、「そうでいらっしゃいますか」など、中間ぐらいの言い回しに換えたり、「お書きになっていただく」→「書いていただく」のように、言葉の後ろのほうのみを敬語にするなど、バランス・調和も案外重要なものです。

おわりに

文化庁が定期的に実施している「国語に関する世論調査」（平成29年度版）によりますと、日本語を大切にしているかという問いに対して、64・9％の人が「大切にしている」と回答しているという結果が出ています。

日常生活の中で、書き言葉や話し言葉の使い方はどうあるべきだと思うか、五つの考え方を挙げて、どの考え方に近いかを尋ねた結果は、「言葉は大切なものなので、書き言葉も話し言葉も正しく整えて使うべきだと思う」が47・6％、「書き言葉も話し言葉も、言いたいことが相手に通じればよいので、細かいことは気にしなくてもいいと思う」が13・3％、「書き言葉は正しく整えて使うべきだが、話し言葉では細かいことは気にしなくてもいいと思う」が13・6％、「話し言葉は正しく整えて使うべきだが、書き言葉では細かいことは気にしなくてもいいと思う」が3・4％、「相手や場面などによって違うので、一概には言えない」が21・0％となったということです。このように見ていきますと、書き言葉だから、話し言葉だからという区別よりも、言葉そのものを大切に思う気持ちや、言葉に関心が高い傾向が見受けられます。

よく、書き言葉である手紙やメールは、送ったら取り消せないものだから、話し言葉よりもこわいという意見も聞きますが、手紙やメールは確かに送ってしまったら取り消すことはできませんが、送る前であれば書き直す、見直すことができます。電話や対面での話し言葉は、その点瞬時に言葉を返さないといけませんから、言ったそばから訂正するというのはむずかしいものです。その点では、手紙よりも気を使う点は大きいかもしれませんね。

お客様と常に接し会話をしている皆様は、より強くそのことを痛感なさっていることでしょう。言葉は正しいのは前提ではあります。しかし、仮に敬語を間違ってしまっても可愛げのある間違いというものはそう相手を怒らせるものではありません。

若い人が一生懸命相手に丁寧に敬語を使おうと思ってうっかり「どうぞ温かいうちにいただいてください」などというのは、まだ許せる誤りでしょう。しかし、これが接客を仕事とするベテラン社員であったらどうでしょう？　これはこんな基本的なことも分からないのかとがっかりされてしまい、実にお粗末極まりない誤用となってしまいます。

また、次のような過剰・濫用タイプも聞いていて耳障りと思われてしまうことがほとんどです。「こんにちは～！　今日は突然お話しさせていただき、すいません～。今お時間よろしいですか。あっ忙しいんですね。では5分だけ、5分経ったらすぐ止めますので。ちょっとだけいいですかぁ。今こちらの〇〇のお積み立てをご案内させていただいておりましてぇ。〇〇銀行さんも同じようなことをやられてるんですが、私どもはそちらにプラス〇〇も付いてすごいお得というキャンペーンをやらせていただいてるんですね……」。

このような感じの会話です。実際私も「このポイント勿体ないと思いませんかぁ。5分だけ、5分経ったらすぐ止めますので。ちょっと聞いてもらっていいですかぁ」という会話場面に出会ってしまったことがありました。何が苦痛かと言ったら、感じ方は様々かもしれませんが、私は、有無を言わせずという強引さと、そのくせ、「やらせていただく」の濫用などの点がうるさく実に不快な気分になったことを覚えています。

勿論、言葉の言い方というのもありますが、ここで問題になるのは、先の間違いは同じ誤用でも聞いていてそう感じが悪くない誤用であり、それに対してこちらは敬語を使ってはいても、使う箇所がおかしいとともに、言葉とともに使う人の心を表しているような感じがするという点です。言葉はその人自身を表す鏡のようなものです。普段は案外ラフな格好をしている人でも、改まったパーティーなどの席ではきちんと正装をしている姿を見ると、きりっとしていて素敵だなと思うこともあるでしょう。それと同じように、場面に応じて言葉も切り替えることができればやはりそれは魅力につながります。

「衣食足りて礼節を知る」という言葉がありますが、いくら物質的に満ちたりていても、心がない、心が貧しいことは真の豊かさではなく、美しさも醸し出されないことでしょう。やはり適度な礼儀・マナーは大切です。場面に応じた言葉を使いこなすことができる人というのは、その人自身が魅力的に映るだけでなく、それを聞く相手の人の心にも心地よさや優しさを届けるものです。

そんな心を感じられる言葉をいつでも自然に使いこなせたら、うれしいものですね。

2019（令和元）年9月

井上　明美

著者紹介

井上 明美（いのうえ あけみ）
ビジネスマナー・敬語講師

国語学者、故金田一春彦氏の秘書を15年務める。言葉の使い方や敬語の講師として、金融機関・一般企業・学校などの教育研修の場で講義・指導を行う。長年の秘書経験に基づく、心くばりに重きを置いた実践的な指導内容には定評があり、話し方のほか、手紙の書き方に関する講演や執筆も多い。著書に『一生使える「敬語の基本」が身につく本』（大和出版）、『敬語使いこなしパーフェクトマニュアル』『最新　手紙・メールのマナーQ＆A事典』（ともに小学館）、『知らずにまちがえている敬語』（祥伝社新書）、『大和ことばで書く短い手紙・はがき・一筆箋』（日本文芸社）など。ウェブサイト「All About」では、「手紙の書き方」のガイドを務めている。

お客様に好かれる
正しい日本語・敬語の使い方

2019（令和元）年10月13日　初版発行

著　者　井上 明美
発行者　楠 真一郎
発行所　株式会社近代セールス社
http://www.kindai-sales.co.jp/
東京都中野区新井2−10−11ヤシマ1804ビル4階
〒一六五−〇〇二六　電話（〇三）六八六六−七五八八
装幀　ロココ・クリエイティブ
印刷・製本　株式会社暁印刷
用紙　株式会社鵬紙業

ISBN978-4-7650-2157-9